WAC BUNKO

ゆすり、たかりの国家

西岡力

はじめに――核を持つ反日コリアによる危機を直視せよ

本書のタイトル（『ゆすり、たかりの国家』）は、「核ミサイルで世界を脅迫する北朝鮮」と、「決着済みの歴史問題を外交の手段にしている韓国」という国に対する意味を込めて、多くの読者に読んでいただきたいとの観点から編集部が付けてくださった。ただ、私が本書で一番訴えたいのは、この「はじめに」の標題にもしている「核を持つ反日コリアによる危機を直視せよ」である。

危機が目の前にあるのにそれを直視できないわが国のあり方こそ、危機の本質だ。釜山に赤旗が立つことは日本の安全保障にとって最悪のシナリオだ。韓国が自由主義陣営から抜けて、具体的には韓米同盟を破棄し、核を持つ北朝鮮テロ政権主導の統一が実現するか、あるいは半島全体が中国共産党の影響下に入る、という悪夢が起こりえると私は、数年前から繰り返し警告してきた。それなのに、いまだにわが国は憲法改正すらできないままだ。

韓国がここまでおかしくなった一番の原因は、北朝鮮が反日民族主義を使って行った政治工作の成功だ。金正日《キムジョンイル》は一九七〇年代末から八〇年代にかけて韓国人の歴史観をおかしくした。その結果、三十年経《た》って、韓国の反共自由民主主義体制は崩壊直前の危機を迎えている。歴史観がおかしくなると国が滅びる実例を見る思いだ。

北朝鮮独裁政権は、韓国を赤化統一することを首尾一貫して戦略目標としてきた。その手段として、米国まで届く核ミサイル保持と韓国内の従北勢力（北朝鮮に従属する勢力）拡大の二つを追求し続けてきた。その二つのためにカネも人材も最優先で投入してきた。その結果、人口の一五％にあたる三百万人以上が餓死するという事態が起きたが、政策変化はなかった。

世襲独裁政権の三代目金正恩《キムジョンウン》がついに米国本土まで届く核ミサイルを持つ直前までできた。彼らは朝鮮戦争休戦直後から、核開発を続けてきた。自衛のためや外交交渉の道具ではなく、韓国を赤化統一する時に米国の介入を阻止することが目的だった。

米国トランプ政権は軍事力を使ってでも北朝鮮の核武装を阻止すると言っている。米朝のチキンレースは緊張の度合いを増してきた。トランプ政権が軍事力で金正恩政権を倒すというシナリオも現実味を増してきた。その直前まで緊張が高まり、北朝鮮内部で政変が起きる可能性もある。

金正恩が命の危険を感じてトランプにすり寄り、米本土まで届く核ミサイルだけを放棄するという中途半端で危険な提案をしてくるかもしれない。それにトランプが乗れば、日本は常に北朝鮮の核ミサイルの脅威にさらされ続け、拉致被害者救出も遠のく。

韓国が北朝鮮発の反日民族主義を清算して自由統一に向かうのか、あるいは逆に、核を持つ北朝鮮の思うつぼにはまって赤化統一されるのかはまだ分からない。しかし、今は現状維持の時期ではない。朝鮮戦争休戦後、最高度に軍事緊張が高まり、その上、南北共に内部矛盾が極大化している。南北同時レジームチェンジ(体制崩壊)が進行中だ。

日本の歴史は朝鮮半島全体に反日政権ができることを常に最大の国難としてきた。これが日本の地政学的宿命だ。

白村江《はくそんこう》の戦いにわが国が大軍を送ったのもそのような危機を避けるためだったが、

唐・新羅連合軍に敗北した結果、当時の朝廷は全国から人民を徴兵して防人《さきもり》として九州に送り、水城《みずき》を築いて唐・新羅軍の対日攻撃に備えた。

元寇も高麗王朝が元に屈服し、済州島で最後まで抵抗していた武士集団三別抄《さんべつしょう》が降伏した直後に、元の日本侵攻が始まった。その国難を鎌倉武士は多くの犠牲を払って克服した。

日清・日露戦争も半島を反日勢力の手に渡さないという戦略目標のため戦った戦争だった。特に日露戦争は桁違いに国力の強い当時のロシアと国家存亡をかけて全国民が団結して戦ったのだが、それは地政学的危機を明治の先人が良く理解していた証左でもある。

日露戦争後、日韓併合により朝鮮統治を行ない多額の予算を投下したがそれは経済的利益のためよりも、半島全体が敵対勢力の手におちることを防ぐという安全保障上の利益のためだった。

ところが、戦後、南北分断と朝鮮戦争の結果、米軍が韓国に駐屯して半島の真ん中の休戦ラインで共産主義勢力と対峙することとなり、冷戦下で日本は北海道北方を除き共産勢力と直接対峙することがなくなった。そのため、自国の安全を自国の力で守るという白村江の戦い以来、ずっと身につけていた正常な国家精神がいつの間にか希薄になってきた。自衛のための国軍の保持を禁止する憲法九条二項をいまだに改正できないのもそのためだ。

半島は今、南北双方で体制崩壊の危機を迎えている。言い換えると南北の国家と民族史の正統性をかけた戦いは最終段階にあり、韓国による自由統一か北朝鮮による赤化統一のどちらかが実現する可能性が生まれてきた。その中で、トランプ政権は北朝鮮の核問題を米国の最優先課題と位置付けている。自国の防衛を真剣に考えている表れだが、グローバルな自由民主主義体制を守るという米外交の伝統はそこにはあまり見られない。

わが国は核ミサイル開発を絶対に容認せず米国と連繋して圧力を強めるという姿勢を取っており、その上で拉致被害者救出を最優先課題としている。韓国に対しては文《ムン》在寅《ジェイン》政権の動向を鋭意観察し、理不尽な歴史問題での反日外交には事実を踏まえた反論をしながら、韓国が国是である反共自由民主主義を捨てないように韓国内保守派にモラルサポートをおくるしかない。

本書ではコリア危機の現状を報告し、日本が取るべき道を考えた。私は韓国・北朝鮮研究を四十年間続けてきた。その過程で知り得た、日本のマスコミがほとんど報じない多くの事実を紹介しつつ、論を進めた。具体的には金正恩の核ミサイル開発と拉致問題、文在寅政権の危険さ、慰安婦・徴用工問題の深刻さを論じた。

本書をまとめながら四十年前を思い出した。一九七七年、当時大学三年生だった私は韓国の延世大学に交換留学生として留学した。

留学した当初は韓国語があまり出来なかったので、親しくなった友人とはブロークンの英語で話し合っていた。K君もその友人の一人だった。ところがK君は実は日本語が出来たのだ。私が少ない奨学金を工面して大学での授業以外に家庭教師を雇って韓国語の勉強をしているのを知った後、K君は日本語を使い始め私を驚かせた。それまで三、四回話したときはまったく日本語を分かる素振りすらみせなかったのに、である。私の韓国に対する姿勢をひそかに確かめていたのだろうか。

K君は流ちょうな日本語でこう語った。

「力の強い国が弱い国を植民地にしたのは当時としては当たり前のことだった。我々が弱かったから侵略されたのだ。謝ってもらうべきことではない。国際社会はパワーがすべてだ。ぼくが今、日本語を勉強しているのも、うんと極端なことを言うと、もし将来日本と戦争になった場合、相手の無線を聞いて作戦を立てられるようになるためだ。日本語が分かる者がいればその分韓国のパワーを強めることになるからだ」

私は彼の論理の明快さと自信に圧倒された。

私が交換留学生としてソウルで暮らした七七年から七八年にかけて、安易な謝罪を拒否し自民族の弱さを直視してそれを自分たちの努力によって補おうという、気高き民族主義に出会うことが多かった。

相手国の民族主義をも尊重する健全な民族主義、愛国心を、私は韓国で学んだ。

ところが、八〇年代から急速に韓国がおかしくなってきた。そして、文在寅政権のいまのありさまからは、尊敬できる隣国の愛国心が感じられない。むしろ、韓国人が韓国を愛していない。北朝鮮の世襲独裁者にあこがれすら覚えている。四十年前の健全な韓国の姿を知っているだけに、私はこの異常さが一体どこから生まれいつまで続くのか、ずっと観察し考え続けてきた。これが私の四十年間の韓国・北朝鮮研究の根っこにあった問題意識だ。

ある論者は朝鮮王朝時代に韓国に根深く定着浸透した儒教的思考方式が合理的思考を妨げていると主張する。長い歴史の中で、韓国人の民族性の中に大陸文明である中国文明を慕う遺伝子が組み込まれたという主張をする論者もいる。

韓国研究の泰斗《たいと》で私の師匠でもある田中明先生は、朝鮮王朝時代の儒教的思考方式が韓国人の常態であって、日本統治の三十五年と朴正熙《パクチョンヒ》政権時代十八年はそれを否定して合理的思考方式を導入した例外の時代だったが、一九八七年のいわゆる民主化の後、基層にあった儒教的思考方式が浮上し、韓国は常態に戻ったという学説を主張している。韓国保守のリーダーである趙甲済《チョガプチェ》氏はこの田中理論に一九九〇年代初め接して、感銘を受け、月刊論文で長々と紹介していた。

しかし、趙甲済氏は韓国が、共産主義の脅威に直接さらされる悪条件下で、最貧国から高度経済成長を実現して世界十位程度の経済大国に変貌し、アジアで日本に次いで自由民主主義政治体制を定着させた事実の重みをも強調する。経済成長と民主化を達成した原動力は、儒教的思考方式からさげすまれている軍人、財閥、何よりも工場で働く一般国民たちだ。軍事と経済では合理的思考方式がなければ成功できない。

私が一九七〇年代後半、留学時代に会った多くの韓国人はまさにそのような人々だった。だから尊敬できたし、学ぶことも多かった。むしろ、当時の日本社会の容共的雰囲気に毒されていた私は、彼らから合理的思考を学んで、反共主義者に生まれ変われた。

横田めぐみさんが拉致されているという情報を我が国に教えてくれたのは、実は韓国の心ある何人かが決断した結果だった。十三歳の少女が下校の途中に拉致されて抑留され続けているという情報は、韓国に自然に入ってきたのではない。自由、人権といった普遍的価値観にたって第一線で北朝鮮と戦っている人々が、本来なら外国人に関する情報収集は優先順位が低いにも関わらず、これは許せないと考え、命をかけて入手してきた情報だった。

ところが、日本の当局は提供された情報を活用しようとはしなかったので、意図的なリークがあったのだ。私はその過程について一定程度、詳細を知っている。いまはそれを公にはできないが、めぐみさんたちが帰ってきたら、知っていることを公開し、日本政府に韓国の関係者に勲章を出すべきだと求めるつもりだ。

自由、民主、人権、法治、市場経済を私たちは人類の普遍的価値だと考えている。それを否定する全体主義勢力が世界で力を伸ばしつつある。私たちの目の前には中国共産党の一党独裁政権と、北朝鮮の三代世襲独裁政権が立ちはだかっている。残念ながら韓国はその二つの全体主義勢力に取り込まれつつあるが、合理的思考方式を維持して反共自由民主主義体制を死守しようと闘いつづけている保守勢力が存在する。

アジアでは冷戦、すなわち共産党による全体主義との闘いは終わっていない。いま南北コリアで起きている危機は、まさにアジアにおける全体主義との闘いの最前線なのだ。危機を直視し全体主義からわが国とアジアを守るための闘いの備えをするべき秋《とき》だ。

本書出版にあたって、ワック株式会社の仙頭寿顕さんにお世話になりました。感謝いたします。

二〇一七年九月

西岡　力

目次

ゆすり、たかりの国家

装幀／須川貴弘

第一部

金正恩〝演出〟の「核恫喝」に負けるな！

第一章　「金斬首」作戦が実行される秋《とき》

「斬首作戦」が始まる

二〇一七年九月三日、北朝鮮が六回目の核実験を強行した。なんと百六十キロトン（TNT火薬換算）という威力があった。広島に投下された原爆の十倍以上だ。北朝鮮の核開発はまさに東アジアと日本の安全を直接脅かす重大な脅威となっている。

実は、私はその前日の九月二日にソウルで次のような情報を入手していた。

〈金正恩《キムジョンウン》が七月か八月に、人民軍に「米国を最大限圧迫せよ。核実験もせよ。ミサイルももっと発射せよ。SLBM（潜水艦発射弾道ミサイル）も射て。SLBMを搭載できる大型潜水艦（原潜ではない。まだ原潜を作る技術はない）を作れ。百発同時に撃てば米国も迎撃できない。米国を軍事的に徹底的に圧迫して交渉に引き出せ」と指示した。金正恩は、経済力では韓国に追いつくことはもはや不可能で、同じアジアの共産国であるベトナムにも追いつけないので米国と談判するしかないと考えている。北朝鮮を核保有国と認めさせ、平和協定を結び米軍を韓国から撤退させることを目指している〉

その情報を聞いた翌日に核実験があった。そして、九月十五日午前六時五十七分に金正恩は、中距離弾道ミサイル「火星12」を発射した。北海道上空を通過し、三千七百キロの飛行距離に達した。まさに情報通りのことが起きているのだ。

実は、私は五月にも〈四月下旬に一回核実験を準備した。百キロトンクラスのこれまでにない威力の実験で、小型化された核弾頭の実験だ。これに成功すれば弾頭の小型化は完成する。実験の数日前に中国に通報したところ、国境を封鎖すると脅されて金正恩の妹、金与正《キムヨジョン》が中国は金正恩政権を倒そうとしているとアドバイスしたので金正恩は実験を延期した〉という情報を得ていた。この情報については本章で少し詳しく論じる。

今回の実験の威力は防衛省の推計で百六十キロトンだから、五月に私が入手した情報と符合する。今後、中国は石油禁輸や国境封鎖など超強硬措置をとるかもしれない。北朝鮮経済は中国の影響下にある。生活物資の大部分が中国製品だ。それが全面的に遮断されれば餓死者が大量発生することもありうる。また、北朝鮮軍人の軍服、軍靴《ぐんか》などもみな中国製だ。中国が国境を封鎖すれば軍も維持が困難になる。なによりも北朝鮮で使われている石油の大部分が中国から輸入したものだ。一部ロシア産もあるが、国連安保理で禁輸が決議されればすべて止まる。それを分かっていながら金正恩は最後のかけとして核実験を強行した。

九月二日、北京の東京新聞城内康伸特派員が書いた記事は、金正恩が石油禁輸制裁実施を織り込み済みで、それに備えて百万トンの石油備蓄を命じていたことを伝えた。

〈北朝鮮が今年四月ごろ、原油や石油製品の年間輸入量の半分から三分の二に相当する石油百万トンを備蓄する目標を、金正恩（朝鮮労働党委員長）がトップを務める国務委員会で決定した、と北朝鮮関係者が明らかにした。核やミサイル開発に対する国際社会の制裁強化で、石油禁輸や輸入制限が拡大する事態に備えたとみられる。

この関係者によると、政府機関の閣僚専用車など公用車に対し、一カ月当たりのガソリン供給量が制限されているという。関係者は「幹部級の公用車が通勤に使うだけで精いっぱいの状況も起きている」と指摘。不足分は民間業者から調達するという。

首都・平壌では四月、給油所の営業停止が突然広がり、深刻なガソリン不足が発生し、価格が急騰。価格上昇はいったん沈静化したが、別の北朝鮮消息筋によると、最近は再び値上がりしているとされ、北朝鮮当局が市場への供給を制限している可能性がある〉

金正恩は焦っている。彼が優秀な戦略家だと評する向きもいるが、私はそうは思わない。金正日が生きていれば、アメリカのトランプ大統領に軍事挑発をかける前に訪中して中国共産党と表面上の和解をするだろう。金正日は死ぬ直前の二〇一〇年から十一年にかけて三回も訪中して後継体制への支援を懇願している。米国と中国の両方を敵に回す外交は戦略家がすることではない。

彼の足下も不安定だ。韓国情報関係者によると、労働党中央の幹部や国家保衛省の幹部が頻繁に連絡してきて、自分が韓国に亡命した場合の待遇について真剣に質問するという。夏の水不足のため、この秋の米とトウモロコシの収穫はかなり悪いと予想され、二〇一八年春には餓死者が出るのではないかという声が北朝鮮内部から聞こえてくる。

さらに、核ミサイル開発と独裁体制維持に必要な外貨を管理している労働党三十九号室の秘密資金が相当枯渇《こかつ》しているという。七月の二回のＩＣＢＭ（大陸間弾道ミサイル）発射を受けた八月六日の国連制裁で石炭（二〇一六年十二億ドル）、鉄鉱（二億ドル）と水産物（二億ドル）の輸出が禁止されたため、二〇一六年の輸出総額二十八億ドルのうち十六億ドル分、六〇％が消えた。このままでは外貨不足により独裁統治が揺らぐかもしれない。そこまで追い詰められたので、追加制裁を覚悟の上で金正恩がミサイル発射と核実験という持ち札を全部切って、短期決戦をしかけ、トランプとの直《じか》談判《だんぱん》を持とうとしてきたと私は見ている。核実験のわずか一週間後、安保理は衣料品（二〇一六年七億ドル）の輸出禁止、海外労働者新規契約禁止などを骨子《こっし》とする制裁を全会一致で決めた。これで二〇一六年基準で北は輸出収入二十八億ドルのうち二十三億ドル（八三％）を失うこととなった。また九千人余りが年間五億ドル稼いでいた海外労働者収入も現在の契約が終わると一～二年後にはゼロになる。

トランプ大統領は米国本土まで届く核ミサイルを北朝鮮に持たせた大統領として歴史に汚名を残すことは絶対に避けたいと思っているはずだ。徹底した対北経済封鎖、それに同調しない中国とロシア企業には金融制裁で国際金融秩序から追放する措置を取るだろう。それでも金正恩は核ミサイルを放棄しないだろうから、軍事行動、すなわち金正恩を除去する「斬首《ざんしゅ》作戦」の準備を進めるはずだ。

米国の軍事圧力は戦争直前まで高まるだろう。そうなると、金正恩は自分の命を守るため、対米譲歩をする可能性が高い。わが国は米国に対して経済制裁、軍事攻撃準備に全面的に協力しつつ、金正恩が命乞いをしてきた時、核ミサイル放棄だけでなくすべての拉致被害者帰国なしには対北圧力を緩めてはならないと全力で働きかけるべきだ。その意味でトランプ大統領が国連で九月十九日に横田めぐみさん拉致に言及したことは大きな成果だった。金正恩からすれば核ミサイルは国家戦略問題だが、拉致問題は戦術問題だから、二〇〇二年九月の小泉訪朝の時のように米国の軍事圧力を交わすために日本カードを使うこともあり得る。日本は米国と足並みを揃えて対北圧迫に全力を尽くしながら、最後の交渉で拉致被害者全員帰国を対北要求のデッドラインとして死守しなければならない。いよいよ正念場だ。

チキンレースは北が始めた

二〇一七年七月四日と二十八日に、北朝鮮がＩＣＢＭの発射実験を行い、八月二十九日、九月十五日に北海道を飛び越える中距離弾道ミサイル「火星12」を発射した。九月三日の核実験と合わせて、トランプ大統領と金正恩のチキンレースはいよいよ最終盤を迎えている。

ところが、日本ではまったく危機感がなかった。テレビなどでは安倍晋三政権叩きの愛媛の獣医学部認可問題や、国会議員や芸能人の不倫問題などの方を繰り返し報じていた。また、北朝鮮問題を報じる時も、トランプ大統領が過激な言葉で金正恩を刺激し、それによって戦争が起きることを心配するコメントを流したり、あるいはトランプ大統領が本当に北朝鮮を爆撃したらどうなるか、それはいつか、などという議論ばかりしている。

ここでまず押さえておかなければならないのは、なぜチキンレースが起きているかだ。一部の論者は、トランプ大統領がＳＮＳで無分別に過激な書き込みをして、それに刺激された金正恩が過激な言動を返しているという解説をする。また、二〇一七年四月には、トランプ大統領がすぐにでも北朝鮮攻撃を命じかねない、そのＸデーはいつか、という論議が盛んだった。

しかし、その認識は根本的に間違っている。危機が発生している第一の原因は、北朝鮮のテロ政権がついに米本土まで届く核ミサイルを実戦配備する直前までできたことにある。言い換えるならば、金正恩の核ミサイル開発こそが危機を呼び起こしているのだ。トランプ大統領の言動や爆撃近しという情報リークは、それを止めさせるための心理戦の一環でしかない。

一部の論者たちは、北朝鮮が米本土まで届く核ミサイルを持ってしまったら、日本の安全保障環境がいかに危険になるか分かっているのだろうか。だからこそ日本としても米国と協力し絶対に金正恩の核ミサイル開発を阻止しなければならない、そして、その過程で横田めぐみさんらすべての拉致被害者をも奪還しなければならない、という切実な危機感が感じられない。私は今、危機感のないわが国の状況に強い危機を感じる。

米本土まで届く核ミサイルの実戦配備が実現したら、米国が日本に保障している拡大核抑止、すなわち、日本が核攻撃を受けたら米国が核で反撃するという保障は、崩れかねない。米国が、東京を守るためにワシントンやサンフランシスコ、ロサンジェルスなどを犠牲にするかという疑問が発生するからだ。

それに対して、繰り返し書くが、米国トランプ政権は軍事行動を含む全ての方法を使って止めさせると言っている。トランプと金正恩は同じ道路で衝突に向かって疾走する車に乗り、お互いにブレーキをかけないで脅し合っている。ただし、トランプ大統領は大型ダンプトラックに乗っており、金正恩はバイクに乗っているがバズーカ砲(核)を持とうと努力している。それを持たせる前なら衝突すればかならず金正恩は死ぬし、トランプはケガすらしないだろう。だが、バズーカ砲を持つとトラックとて万全ではなくなる。また、自由民主国家である米国のトランプはバイクをはね飛ばすに当たり、さまざまな手続きと手順を踏む必要がある。そのアンバランスさを忘れてはならない。

最悪の場合、第二次朝鮮戦争が勃発するかもしれない。それがなくても韓国、日本などで大規模なテロが起きる危険性もある。米国が中国のメガバンクに金融制裁をかけ世界経済が大きく揺れるかもしれない。あるいは、最後にトランプと金正恩が妥協して、北朝鮮が米国に届く核ミサイルだけを止めさせ、北朝鮮の核保有を容認する最悪のシナリオもありうる。

そもそも、すでに日本は北朝鮮のミサイルの射程に入っているのだ。それなのにあまりにも危機感がなさ過ぎる。対応策として、非核三原則の廃棄、具体的にはまず「持ち込ませず」を破棄し、米国に戦術核の持ち込みを求めるべきだ。それが実現しない場合は独自核武装、つまり、原潜を作り、それに核ミサイルを積んで常時、日本近海を航行させ、第二撃に特化した自衛反撃用核武装を実現させるべきだと、私は繰り返し主張している。国会でも、こういう対応策の是非を論じるべきだろう。

朝鮮戦争中から核開発を始めた

ここで北朝鮮の核戦略について論じたい。北朝鮮の核ミサイル開発の目的について、日本の多数の北朝鮮研究者らは正しく理解していない。冷戦後、国際的に孤立する中、体制を維持するために北は、核ミサイルを持とうとしており、米国との外交カードとして使い、米朝平和条約締結で米朝国交正常化を狙っている等の見方が多い。これらの見方は、実は北朝鮮が政治工作として意図的に拡散しているウソに基づいた幻想でしかない。

北朝鮮研究者らは北朝鮮の公式文献を第一次資料として議論する。しかし、朝鮮労働党をはじめとする共産党は目的のためにはいかなる手段をも使って良いという共産主義イデオロギーの下で行動しており、公式文献にウソを書くなど当たり前のことだ。そのウソを暴くためには時間軸を長く取って、彼らの言葉でなく、実際の行動を分析の対象にしなければならない。また、亡命者の証言や非公式ルートで伝わってくる北朝鮮内部情報を重視する必要がある。

北朝鮮は二〇一六年一月六日の四回目の核実験後に「政府声明」を公表した。そこではこう述べている。

〈我が共和国が行った水爆実験は、米国をはじめとする敵対勢力の日を追って増大する核の威嚇と恐喝から国の自主権と民族の生存権を徹底的に守り、朝鮮半島の平和と地域の安全を頼もしく保障するための自衛的措置である〉（傍線・西岡以下同）

〈膨大な各種の核殺人兵器で我が共和国を虎視たんたんと狙っている侵略の元凶である米国に立ち向かっている我が共和国が正義の水爆を保有したのは、主権国家の合法的な自衛的権利であり、誰も言い掛かりをつけられない正々堂々たる措置となる〉

〈恐ろしく襲い掛かるオオカミの群れの前で猟銃を手放すことほど愚かな行動はないであろう〉として、核武装が「自衛的措置」だと強調している。

また、二〇一六年一月八日の朝鮮中央通信社論評「正義の水爆はわれわれの誇り」では、より具体的に次のようにそれを主張している。

〈イラクのフセイン政権とリビアのカダフィ政権は体制転覆を謀る米国と西側の圧力に屈して　あちこちに引きずり回されて核開発の土台をすべて破壊され、自ら核を放棄した結果、破滅の運命を免れなかった〉

一方で北朝鮮は〈米国の極悪非道な対朝鮮敵視政策が根絶されない限り、我々の核開発の中断や核の放棄は何があっても絶対にあり得ない〉（一月六日政府声明）という表現を使い、あたかも米国が交渉に応じれば核を放棄できるかのような印象をまき散らしている。

先に引用した一月八日朝鮮中央通信社論評では以下のように、米国の「核脅威・恐喝策動」「対朝鮮敵視政策」が北朝鮮の核武装の原因であり、それが解消すれば核を放棄しても良いという、米国を交渉に呼び込むメッセージが込められている。

〈米国のわれわれに対する核脅威・恐喝策動は、二十世紀五十年代に継いで絶えず強化されている。

毎年、大規模の合同軍事演習を行い、原子力空母打撃集団と核戦略飛行隊を含む核打撃手段を南朝鮮と朝鮮半島の周辺に次々と送り込みながら、わが共和国に反対する核戦争策動に狂奔している。

膨大な各種の核殺人兵器でわが民族に核惨禍を被らせようとする侵略の元凶、米国の核戦争挑発策動に対処するのはわが共和国の当然な権利である。

力による強権と専横はわれわれに絶対に通じない。
米国の極悪非道な対朝鮮敵視策動が根絶されない限り、世界の舞台で帝国主義侵略勢力の力による主権行為がなくならない限り、われわれが核を放棄したりその開発を中断することを望むのは、天が崩れろと言うような愚かな行動である〉

多くの北朝鮮問題専門家は、まさにこの北朝鮮の政治宣伝、ディスインフォメーションにだまされている。「自衛のための核武装」という議論は以上のような政治宣伝をそのまま鵜呑《うの》みにしているからこそ出てくる。

だが、北朝鮮がいつから核開発を始めたのかを知るだけでも真実は明らかになる。
一九五〇年六月、北朝鮮の奇襲南侵で始まった朝鮮戦争が休戦するのが一九五三年七月だが、その三年後の一九五六年には、ソ連と原子力協定を結び多数の科学者をソ連に派遣していた。そして、一九六二年寧辺に原子力研究所を設置し、一九六三年六月同研究所に小型研究用原子炉をソ連から導入して、核開発を本格化させた。

ソ連解体（一九九一年）による東西冷戦構造が崩壊後、体制崩壊の危機を迎えて核開発を始めたのではない。朝鮮戦争を戦っている最中に開始し、軍事や経済でも南北のバランスが北朝鮮に有利だった六〇年代に本格化させているのだ。

北は核を使う覚悟

私は繰り返し書いているが、金日成が核ミサイル開発を決意したのは、朝鮮戦争に勝てなかった理由を在日米軍基地の存在のためだと総括したことにある。韓国を赤化統一するために米軍の介入を阻止することが核ミサイル開発の当初からの目的なのだ。

一九九八年北朝鮮がテポドン1を発射した時、私は当時韓国の空軍大学教授だった李チョルス氏に会いに行った。彼は、一九九六年ミグ19に乗って韓国に亡命した元北朝鮮人民軍のパイロットだ。

私は李元大尉に北朝鮮軍の戦略の中で核ミサイルはどの様な位置づけをされているのかと質問した。すると彼は私の顔をじろじろと見つめて「あなたは本当に北朝鮮問題の専門家ですか。なぜ、このような基礎的なことを尋ねるのですか」といいながら次のように語った。

〈自分たち北朝鮮軍人は士官学校に入った時から現在まで、ずっと同じことを教わってきた。一九五〇年に始まった第一次朝鮮戦争で勝てなかったのは在日米軍基地のせいだ。あの時、奇襲攻撃は成功したが、在日米軍基地からの空爆と武器弾薬の補給、米軍精鋭部隊の派兵などのために半島全域の占領ができなかった。

第二次朝鮮戦争で勝って半島全体を併呑するためには米本土から援軍がくるまで、一週間程度韓国内の韓国軍と米軍の基地だけでなく、在日米軍基地を使用不可能にすることが肝要だ。そのために、射程の長いミサイルを実戦配備している。また、人民軍偵察局や党の工作員による韓国と日本の基地へのテロ攻撃も準備している〉

彼は、すでに一九九二年金正日が命じて、北朝鮮人民軍は対南奇襲作戦計画を完成させているとも話した。李元大尉の亡命の翌年、一九九七年に労働党の大物幹部の黄長燁氏が亡命した。黄長燁氏がその作戦計画について次のように詳しく証言している。

一九九一年十二月に最高司令官となった金正日は、人民軍作戦組に一週間で韓国を占領する奇襲南侵作戦を立てよと命じ、翌九二年にそれが完成したという。金正日は作戦実行を金日成に提案したが、経済再建が先だと斥《しりぞ》けられた。当時まだ核ミサイルが完成していなかったことも金日成を躊躇《ちゅうちょ》させた理由の一つと考えられる。

作戦の中身は、概略以下の通りだ。

――北朝鮮は石油も食糧も十分備蓄できていないから、韓国を併呑する戦争は短期決戦しかない。一週間で釜山まで占領する。まず、韓国内の米韓軍の主要基地を長距離砲、ロケット砲、スカッドミサイルなどで攻撃し、同時にレーダーに捕まりにくい木造のAn-2機、潜水艦・潜水艇、トンネルを使って特殊部隊を韓国に侵入させて韓国内の基地を襲う。在日米軍基地にもミサイルと特殊部隊による直接攻撃をかける。それと同時に、米国にこれは民族内部の問題であって米軍を介入させるなと、また、日本に在日米軍基地から米軍の朝鮮半島への出撃を認めるな、それをするなら核ミサイル攻撃をするぞと脅すというのだ。韓国内に構築した地下組織を使い大規模な反米、反日暴動を起こしながら核ミサイルで脅せば、米国と日本の国民がなぜ、反米、反日の韓国のために自分たちが核攻撃の危険にさらされなければならないかと脅迫に応じる可能性がある――。

金日成は一九六八年十一月、科学院咸興分院開発チーム（核ミサイル開発を担当していたと推定されている）に対して、こんな機密命令を下している。

〈南朝鮮から米国のやつらを追い出さなければならない。われわれはいつか米国ともう一度必ず戦うべきだという覚悟で戦争準備をすべきだ。なにより急ぐべきことは米国本土を攻撃できる手段を持つことだ……米国が砲弾の洗礼を受けたらどうなるか。米国内には反戦運動が起きるだろうし、第三世界諸国の反米運動が加勢することになれば、結局、米国は南朝鮮から手を引かざるをえなくなる。だから同志は一日も早く、核兵器と長距離ミサイルを自力生産できるように積極的に開発すべきである〉（金東赫著、久保田るり子編訳『金日成の秘密教示』）

また、一九七〇年代、工作員を集めてこう教示している。

〈祖国統一問題は米国との戦いである。米国は二度の世界戦争に参戦しながら、一発も本土攻撃を受けていない。もし、われわれが一発でも撃ち込めば、彼らは慌てふためいて手を挙げるに決まっている〉（同書）

国民の被害に弱い民主国家の弱点を突こうという一種のテロ戦略だ。

このように、北朝鮮は、自衛のためではなく。第二次朝鮮戦争で勝利をおさめて韓国を赤化統一するために、核ミサイル開発を進めてきたのだ。

韓国でこの間、韓国の独自核武装を主張してきた保守言論人の趙甲済氏もこう書いている。

〈北朝鮮政権は赤化統一のために核兵器を開発している。したがって核放棄は体制崩壊を意味する。韓国には北朝鮮の核開発を支援して保護する従北勢力がいるので、彼らを信じて核をあきらめない。金正恩の頭の中にはこのようなシナリオがあるのだろう。核ミサイルを実戦配置した後、北朝鮮軍が南へ侵略し、ソウルを包囲した後にその状態での休戦を提案する。受け入れなければ核兵器を使うと脅迫し、米国に対しては長距離ミサイルで威嚇して中立を守ることを要求する。この時に従北勢力が立ち上がって『どんな平和でも戦争よりはましだ』と主張して休戦案を受け入れようというだろう。もしソウルが包囲された状態で休戦すれば大韓民国は消滅する。このような

希望を持っているので北朝鮮は絶対に核兵器をあきらめない〉（趙甲済ドットコム二〇一三年二月一日）

韓国政府（朴槿惠政権）も国連安保理事会の理事国への説明資料で〈北朝鮮は巨大な大量破壊兵器開発機構だ〉〈（北朝鮮指導部は予測不可能で）核兵器開発能力だけではなく、これを使用する意思を持っている〉と指摘していた（朝日新聞二〇一六年二月九日）。

金正恩政権が米国本土まで届く核ミサイルを完成させ、実戦配備を終えたら、任意のタイミングで対南赤化を目指す戦争を仕掛けてくる危険性が高い。金日成が朝鮮戦争で勝てなかった経験を踏まえ一九五〇年代から始めた核ミサイル開発は、息子金正日時代にも継続した。

金正日は一九九五年から九九年頃迄に、人口の約一五％にあたる三百万人以上が餓死する大飢饉の中でも核ミサイル開発を止めなかった。いや、核ミサイル開発に外貨や資源を回したために、一般住民への主食の配給体系が完全に崩壊し、その結果、大量の餓死が起きた。つまり、核ミサイル開発を自国の三百万人の人命を助けることより優先したのだ。その恐るべき北朝鮮独裁政権が、韓国、日本、米国の人命を尊重して核ミサイルを使わないなどということはあり得ない。彼らは使うために核ミサイル開発を続けてきたのだ。

最小限核抑止力を持て

金正恩が核ミサイルを実戦配備させた時、日韓が抑止力として依存している米国の「核の傘」は機能するのか。米国学者の中から、機能しないから日本も独自に核を持つべきという警告が発せられている。

二〇一四年十二月二十五日、国家基本問題研究所（国基研）は東京で「戦後七十年、国際政治の地殻変動にどう対処するか」という国際シンポジウムを開催した。そこでアーサー・ウォルドロン米ペンシルベニア大学教授は以下のように率直に語った。

〈ワシントンは日本が攻撃されたら、必ず守ると公言してきました。しかし、アメリカ人として、私はこの言葉を信じません。アメリカは同盟国を守るために核兵器を使うでしょうか。もし、東京が攻撃されたら、その報復としてアメリカは核ミサイルを発射するでしょうか。答えはノーです。アメリカ本土に核が撃ち込まれるという状況に陥らない限り、絶対に核兵器は使わないと確信しています。約束は守られないでしょう。

アメリカの拡大抑止力、そして核の傘という神話を抜きにすれば、どこの国であれ、自前の核戦力を持たない国は、同盟国に頼れず、一国で侵略国の脅威と略奪に立ち向かうことになります。その結果、孤立してしまい、決定的に危険な状態に陥ってしまうと思います。

歴史的にアメリカと最も親しい関係を持っていたイギリスとフランスの例をお話ししましょう。この二カ国はアメリカと共に多くの戦争を戦ってきました。本当に緊密な関係にある同盟国です。しかし、イギリスもフランスも、日本のようにアメリカが自分たちを自動的に守ってくれる「安全保証人」になるとは少しも思っていません。

両国とも、最終的には同盟国に頼らず、完全に自分たちの防衛力で国を守るしかないとわかっているからです。イギリスもフランスも、最小限核抑止力という戦略を維持するために巨額の資金を投入しています。

最小限核抑止力とは、「戦争を始めるにはその核戦力は小さすぎるが、核攻撃を防ぐには十分な能力がある」というものです。フランスもイギリスも、それぞれ三隻の原子力潜水艦を持っています。潜水艦には核兵器が搭載された弾道ミサイルが積まれています。潜水艦の少なくとも一隻は常にどこかを航海しています。そして、もし自国に攻撃があった時には、何千マイル離れていたとしても、ミサイルを相手国に発射する態勢ができているのです。

私が日本人だったら、フランスとイギリスのように最小限核抑止力の戦略をとってもらいたいと思います。この態勢が整えば、侵略から自国を守ることができます〉

私は、このウォルドロン教授の意見に全面的に賛成だ。だからこそ、繰り返し、日本は潜水艦発射戦術核ミサイルを持って、原子力潜水艦に搭載し、日本が核攻撃された時に核ミサイルで反撃できる体制を作るべきだと主張してきた。

韓国では、「金正恩が核を使おうと思えば北朝鮮内でそれを止める者はおらず、韓国にはそれを防ぐ方法がない」（趙甲済氏）として、米国の戦術核の韓国内への再配備や独自核武装を求める世論が急速に高まっている。

金正恩が核ミサイルを完成させれば、日米韓に使うことは十分あり得る。それを確実に抑止する方法は、核のボタンを押せば必ず報復を受けて金正恩自身が死ぬと彼に分からせること以外にない。核を持つ米国はその抑止力を持っているが、日韓両国はそれを米国の核抑止力、いわゆる「核の傘」に依存している。しかし、米本土まで届く核ミサイルを金正恩がもてば、米国が自国の大都市を犠牲にする危険を犯しながら、日韓のために核を使う確率は低い。繰り返し強調するが、日本も独自核武装を早急に検討すべきなのだ。

中国は北を脅したか

次に二〇一七年に入ってからの情勢分析をしたい。まず、北朝鮮は二〇一七年四月下旬に六度目の核実験をしようとしていた、という本章冒頭で紹介した私が入手した情報から検討しよう。

二〇一七年七月八日、G20で習近平と会談したトランプ大統領は、カメラの前で「あなたがしてくれたことに感謝する」「思った以上に時間がかかるかもしれないが、最後はうまくいくだろう」と述べた。

ここでトランプがなぜ、習近平に「感謝する」と言ったのかが疑問となる。それに対する答えとして、前出の「北朝鮮が二〇一七年四月下旬に核実験をやろうとして中国の脅しによりそれを延期した」とする情報が私のところにある。

私が北朝鮮につながる筋から聞いた情報は以下の通りだ。

〈四月下旬に一回核実験を準備した。百キロトンクラスのこれまでにない威力の実験で、小型化された核弾頭の実験だ。これに成功すれば弾頭の小型化は完成する。実験の数日前に中国に通報したところ、国境を封鎖すると脅されて金正恩の妹、金与正が中国は金正恩政権を倒そうとしているとアドバイスしたので金正恩は実験を延期した〉

ここには重大情報が二つ含まれている。

① 二〇一七年四月の段階で、北朝鮮は核弾頭の小型化を完成させておらず、そのために少なくともあと一回の核実験の成功が必要だった。

② 四月下旬に北朝鮮は小型化された核弾頭の爆発事件を行おうとしていた。だが、

中国に脅されてその実験を延期した。

この二つの情報は正しいのか。それを知るためには別の情報源からの情報と重ねる作業をするしかない。北朝鮮のような統制の厳しい独裁国家を論じる時は、そのような地味な作業が不可欠だ。確実な情報が少ない中、事実に即して冷静に、自分の希望をなるべく排して論じるためには絶対それが必要だ。そして、最近、北朝鮮の政権幹部らが金正恩に対する忠誠心を急速になくしているため、予想以上に正しい内部情報が外に出てくるようになっている。

私は①、②を裏付ける複数の情報を別の情報源から入手できた。それを紹介する。まず①核弾頭未完成説をサポートする情報から書こう。

六月二十六日に救う会が開いた集会で、北朝鮮人権活動家の宋允復氏が以下のような発言をした。

〈北朝鮮は大型の核爆弾は持っているかもしれないが、小型化したものはまだ実戦配備されていない〉

〈技術的には「（あと一回以上核実験を）やらなくちゃいけない」と言っているそうです。第六回核実験は何を目的にするものか。ご記憶と思いますが、二〇一六年三月頃に金正恩が丸い金属の側にいて、これが核弾頭だと称する写真が出ました。

五月には第七回党大会があった。二〇一六年の四月下旬から五月にかけて核実験をやろうとしたんだそうです。ところが二回とも不発に終わった。絶対やらなければならないことは、核弾頭を起爆させるには爆縮という操作をしなければなりません。二十数個か三十数個穴があいていて、そこに金やプラチナのワイヤーを差し込んでそこに数千ボルトの高圧の電気を流す。数百万分の一秒の誤差で爆縮させ、それでウランやプルトニウムの核分裂連鎖反応が起きる。これまでの実験では数千ボルトの電気は外から取ってやったそうです。だから、核弾頭を完成させるためには弾頭内に積み込んだ電池から数千ボルトの電気を流さなければならない。六回目の実験はその実験だというのです〉

六回目の実験が、弾頭に積み込んだ電池を使う起爆実験だという新しい情報だが、それをしなければ核弾頭は完成しないという点で私が入手した情報と一致する。

宋允復氏がその後に入手した情報によると、ウクライナが北朝鮮に弾頭小型化技術を提供し、それを使ってすでに北朝鮮は核弾頭を完成させたという。この情報の真偽も慎重に探らなければならない。二〇一七年八月八日米紙ワシントン・ポストは、米国防情報局（ＤＩＡ）は北朝鮮が弾道ミサイルに搭載可能な小型核弾頭の生産に成功したとの分析を七月にまとめたと報じた。防衛省も八月八日に公表した防衛白書で「核兵器の小型化・弾頭化の実現に至っている可能性が考えられる」としているから予断を許さない。

次に②四月核実験延期説、を裏付ける別情報を紹介する。

二〇一七年五月初め、中朝国境のある都市で、同地域担当保衛部員と党外貨稼ぎ責任者らが集められ「現情勢と関連する政治講演」があった。そこでは、「中国に対する大いなる幻想を持たずに仕事をせよ」、「緊張する現情勢により中国と取引する企業所は破局的破綻を覚悟して対策を立てよ」という指令が下った。すでに北朝鮮内では人民軍と一般社会で同種の講演がなされている。講演で言われた「破局的破綻」とは、国境の全面封鎖を想定しているとも受け取れる。その分析が正しければ、情報②とつじつまが合う。

そのほか、中国の圧力で四月二十五日の人民軍創建記念日の前に予定されていた実験が延期になったという決定的な情報が日本のＴＢＳテレビによって報じられてもいた。

五月十二日、ＴＢＳの〈北朝鮮 核実験いったん通告も、中国が「国境封鎖」と警告〉というニュースだ。

〈北朝鮮は四月十八日、二日後の二十日に核実験を行うと中国に対して通告していたことが外交筋への取材で分かりました。（略）通告を受けて北朝鮮と国境を接する中国東北部では、警察が核実験による揺れや被害に備え、徹夜の態勢を敷《し》いたと言います。
Q．（先月）十九日の夜に待機するよう言われた？
「そういう指示はありました」（中国東北部の警察官）
Q．北が核実験をするからと？
「次の日になって聞きました」（中国東北部の警察官）

中国は通告があったことをアメリカに伝えるとともに、北朝鮮に対し、「核実験を強行すれば中朝国境を長期間にわたって封鎖する」と警告したということです。（略）核実験の通告についてはアメリカから日本にも伝えられ、警戒態勢が取られましたが、結局、二十日に核実験は行われませんでした。

中国の言う封鎖の対象は陸の国境だけでなく海も含まれていて、食料や生活物資なども含む中国から北朝鮮への物流が全て止まることを意味します。（略）

「習近平国家主席が一生懸命に取り組んでくれると確信しています」（トランプ大統領、先月［四月・西岡補］二十一日）トランプ大統領はこの頃、たびたび習近平国家主席を高く評価する発言をしていますが、その背景には、こうした中国の動きがあったものとみられます〉

これはかなり具体的な報道で、これまで私が言及してきた情報とも一致するので信《しん》憑性《ぴょうせい》が高い。

中朝関係は〝ヤラセ詐欺〟

しかし、七月に二回ＩＣＢＭ「火星14」の実験は実行された。六回目の核実験も九月三日に強行され、「火星12」の発射も九月十五日に行われた。金正恩が核ミサイルを持つためには弾頭の爆発実験、発射実験が必要だったからだ。今後、中国が四月に通告したように国境封鎖を含む厳しい制裁を実施するのか。トランプ政権が中国の大手銀行や企業などへの金融制裁を断行することがあるのか。

危機感を募らせている米国のニッキー・ヘイリー国連大使が七月九日、米国ＣＢＳテレビに出て「北朝鮮の大陸間弾道ミサイル（ＩＣＢＭ）発射は大変な危機（hugely dangerous）だ。われわれは北朝鮮に対する強力な制裁を推進する。米国は、水割りのような（waterd down）制裁は望まない」と発言した。

その上で、安保理で制裁強化を邪魔している中ロに対して「金正恩の手を取るのか、あるいは『金正恩はＩＣＢＭを持つ危険な人間』と考える多くの国々の側に立つのか、見守りたい。中国は米国と共に仕事をすることになるのか、ロシアはひたすら米国に対し『反対のための反対』をすべく北朝鮮の側に立つのか、数日中にはっきりするだろう」と非難した。

そして、「われわれは多くの国と貿易をしている。もし米国の安全保障を考慮しない国があるなら、貿易制裁もできる」と語って、安保理が制裁を決めないなら米国が国内法に基づき北朝鮮と取引をする中国やロシアなどの企業や銀行に対して制裁をかけるぞと、警告した。

六回目の核実験直後の九月三日に、トランプ大統領は「北朝鮮と取引するいかなる国との貿易も全面的に停止することを検討している」とSNSに書き込んだ。ムニューチン財務長官も同じ三日、米FOXテレビとのインタビューで「米国とビジネスを続けたければ、我々と明確に協力していく必要がある」とトランプ発言をフォローした。

米国トランプ政権は、北朝鮮の金正恩に向けて「米国は北朝鮮の政権交代や戦争を望まないと言ったではないか。けれども、われわれがそういうことに関係せざるを得なくなるほどの口実をお前たちが提供すべきでないだろう」と核ミサイル開発をこのまま続けるなら米国が政権転覆を計ったり戦争をすることもあり得るぞと警告を与えている。

これらの話から分かることは、①トランプ政権は現状を「大変な危機（hugely dangerous）」と考えているということだ。そこで、②まず、国連安保理で強力な対北制裁決議を行うことを目指している。その中身は対北石油禁輸、北朝鮮労働者の海外受け入れ全面禁止、人道目的の限定的民生品を除く全面貿易停止などが考えられた。③もし中国とロシアがそれに反対するなら、米国国内法に基づき北朝鮮と取引をする第三国の企業、銀行への金融制裁を実施する。④それでも北朝鮮が核ミサイル開発を放棄しなければ、彼らが米本土まで届く核ミサイルを完成させる前に自衛的先制攻撃を行う。

以上の段階的シナリオが浮かび上がってくる。④の先制攻撃に行く前に、北朝鮮内部に工作をして金正恩政権を倒すというプランもありうる。

本稿執筆の二〇一七年九月下旬現在で、②と③は完成段階に来た。②は、八月と九月の国連安保理制裁で北朝鮮からの輸出はほぼ止まり、原油やガソリンなどの輸入の三割が止まった。労働者の新規契約が禁止された。次にＩＣＢＭ発射か核実験をすれば、残りすべてが実施されるだろう。③も着々と進んでいる。九月二十一日トランプ大統領は「中国人民銀行（中央銀行）が同国の他の銀行に対し北朝鮮との取引を禁じた」と語った。中国政府は公式にはそれを否定したが、中国の主要な銀行はこれまでの北朝鮮への送金に加え、北朝鮮籍の個人や企業による口座の開設などを停止したという。

③の「北朝鮮と取引をする第三国の企業、銀行への金融制裁」に関連して、私は米軍に近い情報関係者から、中国と北朝鮮の関係について次の話を聞いていた。

〈これまで二十五年間の中朝関係はやらせ詐欺であり、①北朝鮮が軍事挑発を行う、②中国も加わって国際制裁が決議される、③中国がわれわれも対北制裁していると明言する、④北朝鮮が中国を批判、⑤中国が国際社会に対北制裁をよくやっている――とアピールする、という循環が繰り返された。しかし、水面下での中朝取引は続き、事実上、中国は北朝鮮の核ミサイル開発を助けてきた。

われわれは、もはやそれにはだまされない。数年前から北朝鮮と取引をしている中国企業を徹底的に調査してきた。その調査結果の一部が、C４ADSという米国のシンクタンクの二つの報告書『中国の影』(二〇一六年八月)、『危険なビジネス』(二〇一七年六月)に載っている。アルミニウムパイプを風呂桶として対北輸出している企業などがある。まず、ここまで分かっているということを教えるために代表的な十社を選んでリストを作った。北朝鮮と取引する中国の企業に、それを続ければ米国との取引を失うがそれでよいのか、という問いを突きつけなければならない〉

六月二十一日にワシントンDCで開かれた米中安保対話では、そのことが議題になったという。『ウォール・ストリート・ジャーナル』によると、米国政府は中国に金融制裁候補として調査が終わっている代表的な十社のリストを渡したという。

私が上記関係者からもらった十社のリストと、安保対話で中国に渡されたリストが同じものかどうか確認できていない。参考情報として私の手元にある十社の社名だけが記されたリストをここで公開しておく。

「Top 10 companies for 2016 Chinese-DPRK Exports

1. Dandong Kehua Economic and Trade Co.Ltd.
2. Dandong Xinyang Chemical Rubber

3. Dandong Zhongze Trade Co.Ltd
4. Dandong Tianfu Trade Co.Ltd.
5. Dandong Qiancang Trading Co. Ltd.（Part of Tianfu network）
6. Dandong-Hongxiang-Industrial-Development Co. Ltd.（DHID）
7. Dalian West Pacific Petrochemical
8. Anhul Whywin International Co.
9. Dandong Hengfeng Trading Co.
10. Dandong Ding Shun Trading Co.（part of Tianfu Network）」

十社のうち八社が社名に「Dandong（丹東）」という中朝国境の遼寧省の都市の名前をつけていることに注目したい。丹東こそが中国の北朝鮮支援の拠点都市なのだ。

すでに米国政府による中国企業、銀行への制裁は始まっている。その対象となったのが「丹東鴻祥実業発展有限公司」「丹東至誠金属材料有限公司」「丹東銀行」だ。やはりみな丹東にある企業、銀行だ。

「丹東鴻祥実業発展有限公司」は、二〇一六年九月に米財務省により北朝鮮の核開発や金融取引を手助けしたとして制裁対象に加えられた。

「丹東至誠金属材料有限公司」は、「北朝鮮軍や同国の兵器開発計画」などを利する制裁逃れの取引をしたとして、米国検察当局がＪＰモルガン、シティなど米欧の主要銀行八行にある資金を差し押さえる手続きをしている最中だ。

六月二十九日には、北朝鮮の核・ミサイル開発を支援した中国企業「Dalian Global Unity Shipping Co」と、北朝鮮のマネーロンダリングに関与した「丹東銀行」に対して、米国との取引停止、ドル取引停止という制裁をかけられた。

さらに、米国は中国四大銀行の一つである中国銀行への制裁の準備を進めている。二〇一六年、中国銀行のシンガポール支店が北朝鮮の事業体の決済に六百五回関与していることが明らかになっているからだ。それ以外にも米財務省はかなりの事実を摑んでいるようだ。

中国銀行は、資産規模二・五兆ドルで、世界四位の銀行だ。米シティバンクの二倍、三菱東京ＵＦＪ銀行の一・五倍の超巨大銀行であり、国際金融市場で中国を代表する銀行だ。その銀行が、ドル取引ができなくなることは国際金融秩序と米中経済関係に多大な影響を与えるだろう。だが、それに踏み込むことが出来ないなら、トランプ政権が北朝鮮の核武装を事実上、許容することになる。

ともあれ、先述のように中国銀行を含む中国の主要銀行が対北送金と北朝鮮人や企業の口座開設を止めた。まだ、すでにある口座の凍結までは踏み込んでいないが、米国の金融制裁での脅しの効果が出てきたようだ。

B1は北の空を自由自在に飛べる

金正恩が意識し続けているのは、SNSの書き込みや制裁だけではない。米軍の「斬首作戦」だ。トランプは「アメリカ・ファースト」だが、金はただ「自分ファースト」なのだ。自分さえよければいいのだ。彼は自国住民が被害を受けることに痛みを覚えないが、自分が殺されることだけはなんとしても逃れようとしている。だから「斬首作戦」が一番こわい。

ここで、「斬首作戦」について解説しておく。従来、米韓軍は、北朝鮮が核を含む先制攻撃をしようとしている兆候を摑んだら、前線にある長距離砲やロケット砲基地、各地に散らばるミサイル基地などの攻撃能力を無力化するという作戦計画5027を持っていた。しかし、それだけでは撃ち漏らした攻撃能力で米韓軍側も被害を受けると予測されるので、「首」にあたる最高司令部と司令官である金正恩、そしてその命令を伝える通信手段をも攻撃対象に加えるというのが斬首作戦だ。その方法はミサイルと爆撃だ。最近作られた作戦計画５０１５には斬首作戦が含まれているという。八月二十一日から始まった米韓軍事演習「乙支（ウルチ）フリーダム・ガーディアン演習」でも５０１５が演習されたとのことだ。

斬首作戦に動員される、レーダーにとらえられにくい、極めてステルス性の強い戦略爆撃機Ｂ１がグアム島の米軍基地に配備されている。Ｂ１は爆弾や射程千キロ以上の長距離空対地ミサイルなどを搭載する。まさに斬首作戦に使われる爆撃機だ。九月十日、三沢基地の航空祭に参加し、その勇姿を披露している。

韓国の文在寅《ムンジェイン》大統領は朝鮮半島で武力攻撃を行う時は必ず韓国の同意が必要だと強調するが、米国がグアムにある戦力を使って対北攻撃をする場合は、理論的には韓国の同意は必要ない。

だから、金正恩は自分を殺すための戦闘機が配備されているグアムを意識し、火星12を撃つと脅したのだ。北朝鮮の公式声明にＢ１がしばしば言及されていることからも金正恩の恐れがよく分かる。しかし、米国が迎撃すると脅し返したので、火星12を北海道上空から太平洋に向けて何度も撃ったのだろう。

米朝のチキンレースは見方を変えると、米国による金正恩に対する軍事的デモンストレーションを使った心理戦と言える。実はすでに米軍は５０３０作戦計画という心理戦作戦計画を実施してきた。

二〇〇三年半ば、北朝鮮の軍事資源を枯渇《こかつ》させ、金正日に対する軍事クーデターなどを誘発させる、あるいは最終的に金正日の「除去」に繋がる雰囲気を醸成させる目的で「作戦計画５０３０」が策定された。

この５０３０作戦の一環としてレーダーで捕捉されないステレス戦闘機が北朝鮮領空まで入り急上昇や急降下を繰り返し「米軍はいつでも最高指導者を殺せる」というデモンストレーションをしていたことが明らかになっている。実際にステルス戦闘機に乗って北朝鮮領空に入る作戦に従事した米空軍パイロットがそのことを具体的に証言している。

Ｆ１１７Ａ戦闘爆撃機ナイトホークのパイロットだったマイケル・ドリスコル（Michael Driscol）空軍大尉が、退役に当たり米軍事専門紙『エアフォース・タイムズ』（二〇〇八年四月十四日付）のインタビューに次のように答えている。

〈日本の三沢空軍基地のF16部隊から、間もなく退役することになるドリスコルは言った。「私はジェット機から降り立ち、ふり返ってみると、私が行なっていることを、まだ信じることができません」。

ナイトホークに乗っていた彼が輝いていた瞬間は、独裁者金正日政権に対する実力行使の示威として、昨年（二〇〇七年）、北朝鮮の領空を掻き回して飛んだ時だった。金正日を脅えさせる一方で、ナイトホークは出撃と航空ショーをテストすることに、近年はほとんどを費やした〉

マイケル・ドリスコル空軍大尉が乗っていたのはステレス戦闘機だが、先述の通り今年に入り、米空軍はステルス機能を持つB1爆撃機をグアムから朝鮮半島上空に派遣する演習を頻繁に実施している。B1爆撃機をグアムから朝鮮半島上空などに飛ばす演習を五月末から九月末にかけて十四回行った。米NBCテレビは八月九日、米空軍のB1戦略爆撃機による北朝鮮の弾道ミサイル発射基地などに対する精密爆撃を実行する準備を整えたと伝えている。八月三十一日には、韓国軍といっしょに実際に爆弾を落とす演習も実行した。

九月二十三日にはＢ１二機が、沖縄基地のＦ15戦闘機とともに海上の軍事境界線を越えて北朝鮮の東海岸近くを飛行した。米国国防省は「今世紀に入って最も北朝鮮に近く飛行」と発表した。

韓国国家情報院によると北朝鮮は無反応で、飛来をレーダーでつかめなかった。九月末に私が平壌につながるラインから聞いたところによると、Ｂ１の飛行を察知できなかったことに金正恩は激怒し「反航空司令部」（防空司令部）の粛清《しゅくせい》を断行している。軍、党の幹部らは本当に米国が戦争をはじめるかもしれないとして、パニック状態だという。

ただし、このＢ１の飛行はまだ実戦段階でなく心理戦だ。幹部らを動揺させてクーデターなどを起こす５０３０作戦と見てよい。本当に爆撃を考えているなら、むしろ相手に防空体制の不備を教えるような公開作戦は行なわない。秘密裡に北近くを飛行して相手の防空能力を確認するはずだからだ。

また、Ｂ１は爆弾だけでなく、空対地誘導ミサイルも積める。つまり、斬首作戦の主力になり得るのだ。

繰り返し書くが、金正恩からするとトランプがいつでもお前を殺せるぞと脅してきたから、それに対抗して、暗殺の道具であるＢ１が配備されているグアムを攻撃できるのだと脅し返したのだ。米朝のチキンレースの現段階は５０３０作戦の段階、すなわち「脅し合いの心理戦」の段階だ。重要なポイントは、５０３０は米軍単独の作戦であって韓国軍は参加しないことだ。だから、トランプ大統領は文在寅大統領に通報せず、Ｂ１を北朝鮮上空に入れることもできる。

八月はじめ、私と会ったソウルの米軍情報関係者は、「金正恩を暗殺することは技術的にはそれほど困難ではない。しかし、その後が問題だ。我々は暗殺作戦が成功すればすぐ軍を引く。その後の統治に関わりたくない。イラクやリビアで独裁者が除去された後に社会が大混乱したことからして、北朝鮮でも混乱事態が発生する危険性がある。そうならないために、ポスト金正恩の受け皿を準備する作業を進めているが、まだ、その作業は完成していない」と語った。

しかし、北朝鮮が着々と米本土に届く核ミサイル開発を進めていることは間違いない。七月の二回の大陸間弾道ミサイル火星14発射で、米本土まで届くミサイルは持ったと見て良い。九月の六回目の核実験前は、大陸間弾道ミサイルに積める程の弾頭小型化は完成していないと見る見方が多数意見だった。そして、その後、九月の百六十キロトンの核実験が成功した。小型化された弾頭の実験だったことは、私がこれまで入手してきた内部情報からしてもほぼ間違いない。つまり、大陸間弾道ミサイルに載せる弾頭は完成したと――（ただし、九月の実験は、大型の水爆実験で小型化された水爆弾頭は未完成という見方もある）。

最後に残る技術的壁が核弾頭を大気圏に再突入させることだ。角度が違うと高熱を発して弾頭が焼き消えてしまう。七月二十八日に発射された火星14の弾頭は高温に耐えられず消滅してしまったという分析が出ている。

したがって、弾頭再突入技術を確保するためには、あと一回以上のＩＣＢＭ発射実験が不可欠だろう。あるいは、あと一回以上の核実験も必要かもしれない。逆に言うと、ミサイルと核の実験を、あと数回行ない成功させれば、金正恩は米本土まで届く核ミサイルを保有してしまうという、危険な状況に我々は直面している。

それに対してトランプ大統領は、これまでの米国の北朝鮮政策、戦略的忍耐政策は間違っていたと断定し、軍事行動を含む全ての手段をテーブルの上において、米本土まで届く核ミサイル保有を阻止すると繰り返し表明している。北に対する軍事行動に関して、技術的準備はかなりできているようだ。

だが、自由民主国家である米国が予防的自衛行動を取るためには、それ以外の手段をすべてやり尽くしたということが必要条件となる。だから、現段階では中国やロシアなどに対して対北経済制裁を厳しくかけろと要求し、彼らがそれをしないなら米国が国内法に基づき北朝鮮と取引をしている中国やロシアの企業や銀行にドル取引停止という金融制裁をかけると脅しているわけだ。

このように、自由世界の存亡の危機に我々は直面しているといえよう。日本としても総力を挙げて北朝鮮と対峙していく必要があろう。

第二章　ヒトラーより危険な金正恩の正体

最悪と最善のシナリオ

核ミサイル恫喝をつづける金正恩政権だが、内部事情はガタガタだ。したがって、核開発をめぐる米国の軍事圧力と内部の弱体化、そして唯一の同盟国である中国との関係悪化という三重苦に金正恩は直面している。本章ではまず、北朝鮮の末期現象を見せる内部事情を分析する。

北朝鮮内部から出て来る多数の情報は、自分の生活をどう守るのかしか考えていない住民たちはもとより、治安機関と軍や党の幹部らにさえ見捨てられつつある〝若い独裁者〟が、最大の支援国中国指導部を怒らせてしまった姿を赤裸々に伝えている。

米本土まで届く核ミサイルを持って第二次朝鮮戦争を仕掛けるという、金日成が一九五〇年代に構想し、金正日が住民の一五％、三百万人以上を餓死させても強行した大戦略を金正恩は、完成させようと繰り返し実験をしている。前章で見たように、現段階（二〇一七年九月）で核弾頭と大陸間弾道ミサイルが完成する直前まで来ている。

しかし、金正恩のあまりに未熟な独裁統治の結果、核ミサイル完成前に、政権崩壊を迎える可能性もある。

政権崩壊のプロセスで、自分を守るためには何でもする独裁者のエゴイズムが、大規模な軍事挑発や韓国などに対するテロを引き起こす危険性がある。

その上、金正恩政権崩壊を契機に自由統一を実現する使命を担うべき韓国でも反共自由民主主義体制が危機を迎えている。それは第二部で詳しく論じるが、南北双方でレジームチェンジ（体制変換）が同時進行しているのが今の半島危機だ。

虎視眈々《こしたんたん》と半島全体を属国化しようと狙っている中国は、言うことを聞かない金正恩にあきれて、厳しい制裁で屈服させるか、金正恩抜きの「新しい朝鮮」すなわち、親中で改革開放を行い、米韓の影響力を北進させない新政権の樹立を構想し始めている。中国首脳は親中政権樹立の過程で、韓国は対中経済依存度の高さを使っていくらでもコントロールできると判断しているという。

金正恩政権が倒れるプロセスは始まった。我が国と東アジア全体の自由民主主義勢力にとって最善のシナリオは、韓国と北朝鮮住民たちが主導する自由統一だ。最悪のシナリオは、金正恩が戦争やテロをしかけて大きな被害が出ることだ。次悪、あるいは長期的に見ると最悪とも言えるシナリオは、中国主導で金正恩政権が倒され、親中政権が北朝鮮地域にでき、韓国でも米国との同盟を破棄して中国と結ぼうという勢力が政権をとって半島全体が中国の影響下に入り「核を持つ反日国家」となることだ。

最善と最悪の間にさまざまな中間形があり得るが、まずその両極端を頭に置いて、我が国としては、できれば大混乱になる前に、まず拉致被害者を助け出し、その上で抑止力を高めるため、現状の日米韓の三国軍事連繫を強める一方、最悪の場合、対馬が「核を持つ反日国家」との軍事的最前線となることもあり得ることを想定して、自衛力を高める努力をしなければならない。わが国の古代朝廷が、六六三年の白村江《はくそんこう》の戦いで負けたあとと同じ地政学上の危機が来るかもしれない。現代版「防人《さきもり》」、すなわち、憲法改正と軍備増強を急ぐべき秋《とき》だ。

はびこる闇市経済

北朝鮮内部からの情報を紹介しよう。

住民は金正恩への忠誠心を持っていない。二〇一五年十月、労働党創建七十周年記念日に金正恩政権が住民に配った贈り物の中に、子供のための飴《あめ》があった。しかし、国産のその飴は固くて不味いもので、子供らを失望させ、ある地方都市では、金日成、金正日の銅像に向かってその飴を捧《ささ》げて「首領さまが召し上がって下さい。私たちは市場で買った飴を食べます」と話した子供が捕まった。

同じ頃、中国と接する北朝鮮の国境の町で、住民を集めて政治集会が開かれた。平壌から派遣された党幹部の講師が「中国を信じるな。お前たちは国境に住んでいるので裏切り者がよく出る」と話した時、聞いていた住民の一人が「そんなに我々を信じられないなら、朝鮮から切り離して中国にくっつけて下さい」と抗議して、その場で捕まった。

平壌近郊の住民と頻繁に連絡しているA氏は麻薬が蔓延《まんえん》しているとして次のように

語った。

〈国中で麻薬が蔓延している。金正恩の命令で各道に一つ、患者治療施設を作った。施設はいつも満員で、当初は六カ月入院させたが、二〇一五年に三カ月に短縮した。それでも足りなくて新しい施設を建設中だ。幹部はヘロインを、庶民は覚醒剤（朝鮮語で氷・ピントゥ）を常用している。五人兄弟のうち四人が中毒という家族もいる。
庶民は覚醒剤を万能薬と考えている。労働突撃隊などに覚醒剤を与えると食事しなくても力を出して働く。覚醒剤を取り締まるべき保衛部員が率先して覚醒剤を使っている。彼らは、自分たちは夜間に出動することが多いからと覚醒剤使用を弁護しているという〉

多くの住民は党や政府の政策に関心がない。配給が出ても出なくても影響を受けない。ただ、市場（チャンマダン）の商売だけに依存して生きている。二〇一五年段階で平壌近郊の都市の市場ではすでに北朝鮮の貨幣が使われなくなっていた。二〇一七年現在では、ほぼ全国の市場で北朝鮮貨幣はほとんど通じないという。北朝鮮貨幣は、党費を支払う時など特別な時だけ使われているという。

庶民は人民元、少し小金を持っている層はドル、ユーロで払うこともある。在日朝鮮人出身者が多数住む元山などで流通していた日本円は経済制裁の結果、ほとんど姿を消したという。

地方都市で北朝鮮通貨を使って買えるのは豆腐、もやしぐらいだという。それも大変値段が高い。月給三千ウォンを六カ月全部貯めた一万八千ウォンで卵が五個買えるだけだ。だから、子供らもお年玉や小遣いに北朝鮮貨幣をもらっても喜ばない。破って捨てる者さえいて、金日成らの肖像画があるので政治問題になっているという。

特に、人民元が多く出回っている中朝国境近くでは豆腐一丁も全て人民元でしか買えない。豆腐一丁が人民元で五角から一元、米はキロ一から五元、中国と同じ価格だという。北朝鮮のチャンマダンで値が上がれば人民元経済圏だから、中国から米でも何でも入ってくる。市場機能が働く。

チャンマダン指定場所以外でも商品を持って来て地面に座って商売をやっている。取り締まり命令が繰り返し下るが、一番いい場所にすわっているのが保衛員（政治警察）、人民保安員（一般警察）、党幹部の夫人なので取り締まれないという。チャンマダンでは日本製品、米国製品は問題ないが韓国製品が見つかると没収される。

住民たちは、信用できる仲間同士で話す時は、金正恩のことを本来呼ぶべき「元帥様」と言わず、「あの若い野郎」「肥った奴」などと呼んでいる。そして問題になると、あそこの肥ったおじさんのことを話したので、金正恩元帥様のことではないとごまかすと、それ以上追及は受けないらしい。

金正恩政権成立の直後は、少しは暮らしがよくなるかもしれないと期待していた住民も、あきらめている。しかし、金正日の時と比べて一つだけよい面があると住民らは話している。住民が社会主義統制経済の外で商売をして自分で食べていくことを黙認してくれていることだ。金正日は何回か闇市経済を廃止しようと挑戦して、その都度失敗したが、金正恩はあえて放置している。それが彼の政策なのか、あるいは取り締まる力を彼が持っていないことの表れなのかについては、意見が分かれている。

とにかく、一般住民の社会はほとんど資本主義化している。病院務めの医者も自宅で闇開業している。家の表に紙で「内科（あるいは外科、眼科など）診療受けます」と貼る。値段も決まっている。現金だけでなく米やトウモロコシでの支払いも認める。

チャンマダンの商売で金儲けに成功したトンジュと呼ばれる新興富裕層が流通、商業分野だけでなく工業や農業生産にまで進出している。韓国の国家情報院傘下《さんか》のシンクタンク・国家安保戦略研究院の李ジュンヒョク研究委員によると、「北朝鮮人口約二千五百万人の約二％に該当する五十万人は一九九〇年代以後生じた新興富裕層（トンジュ）だ。権力型、貿易型、商売型の三類型がある」という。

ピョンヤンでは億ションが売られている

この証言にあるように、事実上の、闇市資本主義が急速に拡散している。外貨を払い、労働者を食べさせていけるなら小さな工場や商店の経営権を買うこともできる。一定のカネを上納して雇用する労働者を食べさせることができれば、運送業、薬局、食堂、中小工場の経営権を買える。登録は国営企業などになる。保衛部が金の出所を調査するが三十万ドル以下であれば、華僑が投資したというとそれ以上問題にならない。労働者の解雇もできるという。

不動産業者が平壌と地方で営業している。土地やマンションを売買する（使用権という建前）。平壌で住宅を買う場合、最低五万ドル、まずまずの家なら三十万ドル必要だという。実は、トンジュらはマンションの開発さえ手がけている。次のような話を、二〇一五年にある脱北者から聞いた。

――黄海北道松林市にある黄海製鉄所は九〇年代後半から、食料難と電力、原料供給不足などや、設備の老朽化《ろうきゅうか》のため、高炉が止まっていた。ところが、トンジュがカネを払うから鉄筋を作ってくれと言ってきた。製鉄所側は労働者に食わせる食糧がないと断った。一九九八年に製鉄所の幹部が労働者らの飢え死にを避けるため、資材を古鉄として中国に売ったところ、幹部らが捕まってしまった。それに抗議して労働者がデモを起こしたが軍が動員されて多数が殺されるという有名な事件が起きているから、食糧を先ず求めたのだ。トンジュは「わかった。中国から買ってくる」と言ったという。

そこで、製鉄所は鉄鉱石もコークスもないのだと実情を説明したところ、それらもすべてトンジュが中国から買ってきた。それで高炉の一つにトンジュのために再び火を入れて鉄筋を作った。なんとその鉄筋は平壌やそれ以外の地方としてマンションを作るのに使われた――。私が、その話を伝えてくれた脱北者に、そんなことするなら中国から鉄筋を買ってくれれば良いではないかと質問したら、賃金が比較にならないほど北朝鮮が安いから、そのように手間をかけても北朝鮮で生産した方が得なのだと説明してくれた。

そのようにして建設されたマンションの価格をたずねると、二〇一五年に平壌の最高級マンション一戸百二十平方メートル（約三十六坪。資材内装すべて中国から持ち込み）が、韓国のお金で三十億から四十億ウォン、日本円に換算して三億円から四億円だというから驚きだ。その値段で売る者と買う者がいるのだ。

二〇一七年夏に聞いた話では、マンションの建設現場で働く技能工にトンジュが払う賃金は、なんと一日百ドルだという。左官屋、タイル屋、セメント工、水回りそれぞれ専門技能工がいる。十階以上まで重い資材担ぎ上げるなど重労働とは言うが、北の生活水準で、日当が一万円ももらえるとは信じ難く、再確認したがその通りだという。それを軍部隊に頼むこともある。その場合、働く兵士らに日当は出ないが一日一回肉を食わせるという。そして、できあがったマンションの一〇％くらいを軍がもらい、それを売って兵士らの食糧や装備を買うという。

地方都市では、新義州の保衛指導員マンション、八十平方メートル（二十四坪）で電気ボイラー、太陽光発電機付きで七十万ドル（七千万円）、田舎の介川の五階建てマンション太陽光発電機付きは、五十平方メートル（十六坪）で二万ドルだという。

やはりトンジュが出資して全国主要都市をつなぐバス路線ができている。平壌だけでなく地方でもタクシーが営業している。それを聞いて私は、ガソリンはどうしているのかと質問した。すると、驚いたことに、全国にガソリンスタンドがあるというのだ。トンジュがロシアから外貨を払ってタンクローリー貨車でガソリンを輸入しているという。もう少し具体的に言うと、政府がタンクローリー貨車でロシアからガソリンを輸入する時、外貨が足りなくてタンクに空きが生まれる。その空きをトンジュが買って、自分の分のガソリンを運んでくると言う。ワイロを払えば何でもできるのだ。

二〇一六年頃に聞いた話だが、鉄道省にワイロを払って、特別列車を運行させているトンジュもいる。中国からの廃棄直前の中古のディーゼル機関車を五から六台を買い、国鉄のダイヤの中にその列車を組み込ませて、独自に外貨で料金を取って平壌と元山、平壌と新義州、平壌と豆満江の間を往復させている。通常の列車は停電や燃料不足でしばしば止まるが、その列車だけは時間通りに走る。ただし、枕木の破損が激しくて時速四十キロくらいしか出ないという。すべてカネの力だ。

金正恩もトンジュの実態に恐怖を覚えたのか、二〇一五年六月末から七月にかけて全国に六百余りあるチャンマダンに保衛部と人民保安省合同の検閲が入った。百万ドル以上持つトンジュを摘発して外貨没収するとされたが、そこまで巨額を持つものは余り捕まらず二十万、三十万ドル持つ者が捕まり没収された。ただし党や軍幹部などと関係しているトンジュは取り締まりから逃げられた。

二〇一五年初めから党中央の部長、副部長以下の幹部の自宅には電気がほぼ来なくなり、ベランダに中国製の太陽光発電機を設置するところが多くなった。ちなみに北朝鮮に輸出するための太陽光発電機工場が、丹東から瀋陽に行く途中、二百キロくらいの地点にある。机くらいの大きさで、円柱が付いていて温水をわかす。充電装置付きで千五百ドルくらいだときいた。

部長・副部長以上への一日供給が週供給にかわり、それ以下の幹部、課長や指導員には月一回程度しか供給がない。供給担当の党財政経理部も金正恩に外貨を上納しなければならずカネがない。国内には売り払う古鉄さえない。

北朝鮮の配給システムは大きく二つに分けられていた。すなわち、一般住民に対する「配給」と党、軍、政府、治安機関幹部らに対する「供給」であり、前者は月二回、後者は地位によって一日供給（毎日）、週供給（一週間に一回）などがあった。九〇年代後半に前者は完全に崩壊し大飢饉が起きた。いわゆる「苦難の行軍」時期だ。その時でも部長・副部長クラスの一日供給は守られていた。そのため、地方から親戚や友人が来ても自宅に入れるな、一日供給があると言うことを地方の人民が知ると不満が高まるからとの対策をとったくらいだった。ついに二〇一五年から後者も崩れ始めたのだ。

治安機関も動揺している。二〇一六年二月から国家保衛部（政治警察。二〇一六年六月に国家保衛省となり、部長は《保衛》相に、副部長は副相に改称した。国家保衛部長だった金元弘の権力増大を警戒した格下げといわれる）、人民保安省（一般警察）の末端職員の家族に対する配給が止まったという。職員本人分しか配給がないということだ。これまでは、九〇年代半ば、一般住民への配給が止まって三百万以上が餓死した時もこのようなことはなかった。

人民保安省職員らは、市場に行って難癖をつけて物資を没収するなどして家族を食べさせることができる。だが、保衛部は捜査の対象が政治犯であるため、捕まえたら収容所に送るか殺すかしなければならず、ワイロを受け取って見逃すとあとで自分が捕まりかねないから、役得がなく、むしろ生活が苦しいという。

独裁政権を守る最後の砦と言うべき政治警察がこのように末端から弱体化している。引退した保衛部の元最高幹部は最近、肉親に「国がどうなるか分からない」と漏らした。末端の地方保衛部員らは、住民をなるべくならつかまえたくないと思っている。現政権は長く持たないから、政権崩壊後に自分たちが人民にリンチされることを恐れているためだという。

実際、人民保安省員や保衛部員が人民のテロで殺される事件が続出している。二〇一五年平安南道介川市で保安員が住民から四千ドルを没収した。全部持っていって本人に残さなかった。通常没収する場合も三割だけで、七割は残すのが「相場」だという。恨みを持ったその住民が自分の家族を先に逃がした後、保安員に復讐した。まずチャンマダンでダイナマイトを買った。爆薬二百グラム五本、雷管五本、導火線一メートル。北朝鮮通貨で一万七千ウォンだったという。アパートに住む保安員の窓を破ってそこから導火線に火をつけたダイナマイトを投げ入れ、家族全員を爆殺した。隣の家まで被害が出た大事件だった。犯人は捕まっていない。すでに国外に脱出したものと見られている。

平安南道文徳郡ではやはり二〇一五年に保安員が殴り殺され、サッカーゴールにつるされていた事件があった。これも犯人は捕まっていない。最近は、保安員らは住民のテロがこわくて夜間は銃を所持して出歩く。住民の中には特殊部隊出身も多い。彼らは十年から十三年特殊部隊に勤務して、訓練を受けている。保安員は中間幹部の息子として軍に行かず警察大学を出ているだけだから、相手にならないという。

酒池肉林の金一族

金正恩の側近者を除くと、党幹部ですらみなカネが全てと考えている。権力層の息子らはみな、外貨稼ぎ部門に行き、やりたい放題ドルを使っている。前国家保衛部長金元弘の息子金チョルは外貨稼ぎの利権を父親の威光で従来の業者から奪い、怖いもの知らずでカネ儲けをし「セキ（子供）保衛部長」と呼ばれていた。彼は、平壌で仲間を引き連れ遊んでいた。いつかあの一家も殺されるとささやかれていた。金元弘と対立する黄炳瑞が、二〇一四年四月人民軍総政治局長に就任してすぐ、金チョルを不正蓄財の容疑で逮捕して取り調べたことがある。その時は金元弘の力が強く、釈放された。

しかし、二〇一七年一月、ついに金元弘が金正恩の怒りを買って解任された。そのいきさつについて、元統一戦線部幹部である張真晟《チャンジンソン》氏が主宰する北朝鮮情報専門のニュースサイトは二〇一七年四月二十八日、以下のように伝えた。私は張真晟氏からこの情報を事前に聞いていた。以下翻訳しながら紹介していきたい。

〈今年（二〇一七）の初め金元弘が解任されたのは、両江道勤労団体党書記が首魁《しゅかい》となって両江道内に反党反革命組織を構築したという虚偽報告をしたからだ。実は二〇一六年十二月、金正恩が三池淵郡を視察した時、両江道女性同盟の芸術公演を観覧してすばらしいと称賛したが、その後両江道党勤労団体書記が行事総括において公演は失敗だったとして、俳優の小さいミスを厳しく批判した。

それに対して俳優の中の一部が、元帥様が誉めてくださったのに一介の幹部がそれを否定したとして訴えた。そのために勤労団体党書記は首領絶対主義原則を破ったという罪名で党幹部会議にて逮捕されて保衛省に調査されることになった。ところが保衛省が組織の実績を上げようと党勤労団体書記とその関連者などを拷問して強制的にスパイ自白までさせて上部に虚偽報告をした。この事実が多くの人々のうわさになって党組織指導部にも報告され保衛省が集中検閲を受けることになった。

結局、その事件を主導した保衛省の副相など主な幹部五人が銃殺された。特に処刑された幹部のうち一人は、住民たちの不平不満をこのような形で体制守護機関である国家保衛省にかぶせれば誰が仕事をするかと反発した罪で、その場で連行され処刑された〉

金元弘はこの事件に直接加わってはいなかったが、責任を取らされて解任されたのだ。しかし、彼に対する金正恩の信頼は高く粛清されることなく、人民軍総政治局組織副局長に移動させられただけだったとニューフォーカスは伝えた。東京新聞二〇一七年八月十日は、金元弘が「人民軍総政治局副局長に就任していた」と報じて、ニューフォーカス情報を裏打ちした。

今回の事件を契機に国家保衛省の権威と信頼が大きく下落したとし、住民たちの体制不満が高まるたびに自分たちがスケープ・ゴートにされるという認識が今、保衛省組織内に大きく拡散しているという。

なお、金元弘の後任は任命されず、副相が保衛省を管轄しているという。金正日時代も保衛部長は金正日が兼任し、第一副部長が事実上の責任者だった。ニューフォーカスの同日報道によると、二〇一七年四月現在の保衛相の責任者は李ジョンロク副相だとして以下のように伝えた。

〈李ジョンロクは保衛省内で成長した正統派保衛省出身だ。第二代保衛部長の李鎮洙の婿だ。義理の父の影響力を利用して多くの人からワイロをもらい、一時は外貨商売(両替商)をして途方もない富を蓄積した。

苦難の行軍の時期(一九九〇年代後半の大飢饉の時期)に李ジョンロクの自宅に強盗が入り、米貨二十万ドルが盗まれ妻が刃物に刺される事件が発生した。当時李ジョンロクは不正を隠すために李鎮洙の影響力を利用して金正日に保衛省に怨恨を持った者の仕業だったと虚偽報告したこともある。

また、保衛省三処(海外派遣局)構成員の話によれば、李ジョンロクは中国出張のたびに瀋陽、大連などの五つ星級のケンピンスキーホテルに長期投宿して三処要員に

ワイロと女性を要求して怨念の声が高く上がっていた人物だ」〉

そして、ニューフォーカスはこの李ジョンロク副相について、日本人拉致との関連で大変興味深い情報を伝えていた。残念ながら、この部分の情報について後続情報がないため、詳しいことは分かっていない。

〈さらに李ジョンロクは保衛省内部でも日本と不正な関連があると疑う人々が多い。北朝鮮は拉致された日本人たちを絶対に生きたまま送りかえすことができないので、今まで日本と結果の出ない会談だけを継続してきた。李ジョンロクは日本政府が拉致問題を長期間、取り上げ続けることが出来るように北朝鮮の弱点を教えて金を受け取ったというわさもある。日本との拉致問題秘密交渉の際、北側保衛省の非公開代表として活動し、一部疑いのかかる状況が捉えられたこともあったという〉

金元弘の息子金チョルも健在なようだ。彼は金正恩の実兄正哲らとグループを作って平壌で贅沢三昧《ぜいたくざんまい》をしている。正哲は金正恩の了解をもらわず海外に出かけている。

保衛省もどうしようもない。最高指導者の兄だからということで、平壌で普通の所では遊べないだろう正哲にと接近して、女性らを集めた秘密パーティーを開いてやっているという。

また、現在金正恩に一番近いところにいる実妹の金与正ともチョルは親しい。与正のためにも秘密パーティーを開くのだが、そこにはチョルが信頼する地方の人間を呼んで、与正はそこで地方の正確な政情を聞くという。彼女は兄を守るためには自分が独自に国内の情報を得ていなければならないと考えているが、彼女は保衛省や組織指導部から上がってくる情報を信じていないという。

相次ぐ軍幹部の粛清と亡命

第一章でも少し触れたが、ついに、二〇一六年頃から党の秘密資金、三十九号室資金が枯渇しはじめた。ここで簡単に三十九号室資金について説明する。一九七〇年代に後継者となった金正日が、政府が管理する社会主義計画経済の外に、自身が自由に使える外貨を大規模に貯え始めた。八〇年代以降、政府には外貨がないが、三十九号室には潤沢《じゅんたく》に外貨があった。それを使って核ミサイル開発や一族の贅沢な生活、幹部らへの贈り物などを行ってきた。

各地方の党責任書記には外貨上納が割り当てられ、それができないと地位を追われるようになったのだ。二〇一六年の第七回党大会の際、地方から来る幹部らのために、贈り物として中国製の家電製品を大量に買い付けたが、その時三十九号室は金（ゴールド）を中国に持ち込んでそれを売って代金を払ったという。大量に金が持ち込まれたので中国業者はそれを安く買いたたいた。つまり、それだけ外貨が枯渇してきたのだ。

また、在外公館も、本国から外貨は支給されず、自給自足を強いられている。大使の月給が千ドル程度では、麻薬や密輸で稼ぐしかない。さらに、海外で秘密資金の持ち逃げが続出している。二〇一五年、香港で五百万ドル、ロシアで六百万ドルが持ち逃げされた。秘密資金を管理している党三十九号室関係者が、外貨を持って韓国に逃げたのだ。なお、亡命した三十九号室関係者は合計三人で、そのうち一人は、韓国経由で米国に亡命した。韓国政府は、私有財産は没収しないから、持ち逃げした外貨は亡命者の所有となる。実際、香港から亡命した男は、持ち逃げした外貨でソウルの高級住宅地江南区鴨鴎亭に豪華マンションを買って住み、ベンツを乗り回しているとのことだ。

軍や治安機関幹部らさえ金正恩への忠誠心は乏《とぼ》しい。近く金正恩政権は倒れて、改革開放政権ができることは必至で、その時まとまった外貨を持っていて鉱山などを買い占めればよい暮らしを維持できるが、それに失敗すれば軍や党の幹部もみな浮浪者になると考えているからだ。

ソ連が崩壊した時、外貨を持っていた者は油田やガス田などを買い占めマフィアになったが、それ以外の幹部は使用人となったと、陰で話し合っている。平壌の幹部は改革開放に備えて百万ドル集めることを目標にしており、地方幹部は十万ドルを目指している。物資の横流し、ワイロ、情報を海外に売るなど、地位を利用してカネになることなら何でもする。

金正恩があまりにも多く幹部を粛清し、殺している。軍では軍団長、師団長クラスは簡単に殺す。党、軍、保衛部ではみな側近になりたがらない。昇進しても一切助言はせず、与えられたことだけするようにしている。

二〇一五年の玄永哲《ヒョンヨンチョル》・人民武力部長の公開処刑を見てみな恐れているのだ。姜健軍官学校で行われた公開処刑を参観させられた軍幹部らは、俺たちは何のために生きているのかと感じ、忠誠心を失ったのだ。もはや金儲けしか考えていない――。

ここで私が、関係者から聞いた玄永哲人民武力部長処刑の経緯を紹介しておこう。

玄永哲は二〇一五年四月ロシアを訪問し、軍事協力を依頼して失敗した。その協議の過程で「若い者が政治をして……」という金正恩を批判する趣旨の発言をし、それが原因となり処刑されたのだ。姜健軍官学校で行われた処刑は、一部の報道のように対空砲ではなく機関銃が使われた。機関銃を一斉射撃し、遺体は跡形もなく吹き飛んだという。儒教では、遺体を土葬して墓を作り、生きている時と同じように折に触れて酒食を捧げ参拝し、死んでも生きているという死生観があるのだが、それをできなくする処刑法だ。

金正恩は、玄に最低でも飛行機二十機とミサイルを発射できる最新潜水艦をもらってくるように命じていた。北朝鮮軍が持っている潜水艦、軍艦、飛行機は旧ソ連製だが、すべて老朽化している。北朝鮮空軍の最新戦闘機のミグ29も三十年前のモデルだ。北朝鮮では、これまでミグが二十機以上墜落事故を起こしている。

そこで、玄はロシアで「戦闘機、潜水艦などを支援して欲しい。部品を支援して欲しい。それらがだめなら、すでに現役を退いた兵器を譲ってくれ、そこから部品を取り出す」「我々は現金がないので、金鉱など代替物資で支払いたい」と依頼した。

しかし、ロシア側は「無償支援の余力は無い。古い兵器の部品はすでに生産を終えている。現役を退いた兵器はすでに廃棄されてない」と断った。そして、「朝鮮は最先端兵器(核とミサイルを指すと思われる)の実験を行っているではないか。自分たちで生産すればよい」といなされたのだ。

公式協議が終わった後、ロシア代表に玄が「飛行機と潜水艦を必ずもらってこいといわれている。若い者が経験も無く政治をして実験は失敗している」とまで話して支援を哀願した。

監視盗聴していた保衛部要員の多くは、その発言を確認したが、玄に同情し、金正恩には報告しない方がよいと判断した。だが、中の一人がそのまま報告し、金正恩が激怒し、金元弘・国家保衛部長(当時)と相談して、処刑することにしたのだ。

処刑理由は「先軍政治路線を守らず最高司令官の権威を傷つけた」とされた。

処刑はロシアから帰国後、十日から十五日後のことだった。その数日後に玄に近い四人の軍幹部も処刑された。処刑は一般人には公開されず、軍人だけに公開された。

ほぼ同じ内容を韓国の東亜日報が、二〇一五年五月二十七日に報じていた。

そのような中、大物軍人の亡命も続いている。二〇一五年、韓国マスコミが亡命説を報じ、北朝鮮が「スキー場工事に今も従事している」と否定した朴勝元上将は本当に亡命していた。これは私が確実な線で確認した。彼は元人民軍総参謀部副参謀長を歴任した最高幹部の一人で、機密情報を多数持っている。

朴上将の略歴は以下の通りだ。

——一九四六年十一月生まれ、亡命当時六十九歳。人民軍人養成のための最高学府である金日成軍事総合大学を卒業し、一九九二年四月に中将階級に上がり、人民軍総参謀部副参謀長を歴任した。二〇〇〇年九月に済州島で開催された第一回南北国防長官会談に北朝鮮側次席代表として参加、二〇〇二年四月人民軍上将（星三つ）階級となった。二〇一〇年九月、金正恩が後継者として正式に推戴《すいたい》された朝鮮労働党代表者会議で党中央委員に選出された。韓国マスコミは「二〇一五年四月に脱北し、ロシアの韓国大使館を通じて韓国に亡命を申請し、七月に韓国に着いた」と報じていた。

韓国政府は認めていないが、私が入手した情報によると、亡命した将軍は朴上将を含めて四人いる。少将一、中将一、上将二だ。残り三名の名前は不明だ。韓国のマスコミがやはり二〇一五年に亡命説を報じた朴在慶大将は亡命していないが、第三国で保護されている可能性がある。これまでの軍人亡命の最高位は大佐だったから、将軍が複数亡命した事実は、人民軍幹部の忠誠心がどれほど低下しているかを示す指標となる。

内部情報によると、多くの将軍らは金正恩にはついていけない、除去すべきだと考えているが、家族親戚まで粛清されるので機会を待っているという。

朴勝元将軍も、韓国で金正恩打倒を支援して欲しいと提案したという。朴勝元将軍は、金正恩を暗殺して軍による集団指導体制を作り、中国と距離を置いて韓国と協力するという構想を韓国政府に説いて、協力を要請したが、拒否され、米国に渡ったとされる。

やはり二〇一五年から一六年にかけて、国家保衛部の幹部、局長一人と課長二人が韓国に亡命した。これも非公開だが、亡命の事実は確実な線により確認できている。

中国核攻撃も視野に

中国との関係もかつてないほど悪化している。中国は北朝鮮の核開発自体に激怒しているのではなく、金正恩が反中国的言動をくりかえし、言うことを聞かないことにあきれ、強い制裁で屈服させるか、それができなければ金正恩政権を倒して「新しい朝鮮」、すなわち親中派で〝改革開放〟を実行し、米韓の勢力を牽制《けんせい》する新たな政権を立てることも視野に入れているという。

二〇一六年一月に四回目の核実験があり、三月に、中国が国連安保理事会の厳しい制裁決議に賛成した。金正恩はその時「核弾頭と潜水艦発射弾道ミサイルを完成させ、米国が本当に恐れを抱くほどになってから本格的な交渉を行う。俺は首領さまと将軍様ができなかったことをするのだ。中国と韓国は計算に入れていない。中国が俺を倒して代わりに金正男政権を作ろうとするなら、北京と上海に核を撃つ」と語ったという。ここで「中国が金正男政権を作ろうとする」と正恩が発言したことに注目しておきたい。翌年二〇一七年二月、金正男が暗殺されたからだ。

二〇一六年一月の核実験後、金正恩は中国人民、中国軍将軍、共産党最高幹部らが北朝鮮に対してどのような意識をもっているか秘密に調査したという。このような調査はここ数年繰り返し行われている。その結果、以下のような報告が金正恩に上がった。

一　中国の人民の八〇％が北朝鮮との断交を支持している。

二　中国人民軍の将軍たちの七割が、「北朝鮮との昔の親善関係を維持する必要ない、経済が発展している韓国を優先すべき」と考えている。核実験以前はそれが五割以下だった。

三　中国共産党高位幹部の多くは、「米日韓が結束する時には中国は北朝鮮を抱き込むしかない。しかし、いまのように北朝鮮が中国の言うことを聞かない場合は、新しい朝鮮が必要だ。すなわち、金正恩を除去して金正男を立てて中国と協力し、改革開放政策をさせるべきだ」と考えている。

この報告を聞いた金正恩は、二〇一六年二月に、白頭山の地下に中国を攻撃するためのミサイル基地を作れと命令したという情報もある。

産経新聞などが報じた、二〇一六年三月に党員らに下された北朝鮮の内部文書でも中国を激しく攻撃している。まずタイトルが「すべての党員と勤労者は、社会主義を裏切った中国の圧迫策動を核暴風の威力で断固として打ち砕こう」と中国への核攻撃もありうると言わんばかりの刺激的なものになっている。韓国の北朝鮮専門ネットニュース・デーリーNのサイトに掲載された本文を私が訳出する。

〈敬愛する最高司令官金正恩元帥様の卓越した領導によって、わが祖国は水爆を含む各種の軽量化された核爆弾を完璧に備えた核保有国の隊列に堂々と入った。

これに驚愕した中国は、国連制裁の美名下で、東北アジアでの彼らの覇権的地位が揺らぐことを恐れ、われわれに対する制裁に率先して賛同している。

造成された現在の情勢は、われわれ党員と勤労者たちが東北アジアで、政治、軍事、経済的与件を追い求める中国の対朝鮮敵対視策動に断固として立ち向かい戦うことを切実に要求している。

われわれの革命の看過してきた歴史を顧みれば、中国は常にわれわれの革命が試練と難関に直面するたびにただ一度も真心というものを見せたことはなかった。

偉大な首領様が遺訓で懇々と教えて下さったように、われわれは中国に対し塵ほどの幻想も持ってはならない。

以前のように中国に安易に譲歩せず同等な立場で対応して、われわれを軽く思う彼らの態度を変えなければならない。

全体党員と勤労者たちは敬愛する元帥様だけがおられればわれわれは勝利するという忠誠深い信念と意志を持って、今後さらに厳粛な試練と難関が差し迫ってきても、ただ金正恩元帥様の周りに堅く団結して主体革命偉業の終局的勝利に向け、力強く戦い抜こう！〉

このように、中国に対して核による反撃もありうるかのように示唆しているのだ。同文書を入手した李英和・関西大学教授によると、二〇一六年三月十日に地方の下級幹部向けの講習会で示された文献を参加者が書き写して外部に持ち出されたという。

北朝鮮の公式文献からもこの時期の中朝関係の悪化は読み取れた。朝鮮労働党の機関紙「労働新聞」二〇一六年四月二日には名指しは避けながらも明らかに中国を非難すると読める論説が掲載された。「不公正な世界政治秩序を変革するための正義の炎をあげよう」と題する論説には次のようなくだりがある。

〈「問題は体面と名分をそんなにも重視するという一部大国までアメリカの卑劣な強迫と要求に屈従して、ひいては低級親米売春婦の臭いがするスカート風［朴槿恵前大統領を卑下した表現・西岡注］に調子を合わせる想像外の汚らしい事態が公然と展開していることだ。

血で結ばれた共同の戦取物である貴重な友好関係をためらいなく投げ捨て、この国、あの国と密室野合して作り出したその結果で正義と真理を踏みつけるみじめな現実の前で私たちは世界政治の虚像と真実を今一度明確に見抜くことになる。

率直に言って強大国を自任する五つの国が国連という国際政治舞台で、これ以上他の国々を代表する資格や権利を持っているかということだ。誰も彼らに自国に代わってその何かを解決したり決めてほしいと頼んだこともなくてまた、彼らにはそのような能力もない。（略）

さらに彼らの中で傲慢無礼にも世界の指導的役割を自任するアメリカに向かって正しい話をして自らの意見を堂々と主張する国が果たして存在しているのか。（略）

今日自分たちの核保有は正当で弱小国の核保有は誤りという荒唐無稽な二重基準を持ち出してわれわれを圧迫する強大国中心の傲慢無礼な考え方に対して公正な内外世論が受け入れ難い強盗の論理だと非難する理由がここにある」〉

金正男暗殺の真相

金正恩は異母兄である正男を中国がかくまっていることに神経をとがらせ続けていた。張成沢処刑の背景にも「張成沢、中国、正男」が地下でつながって自分を追い落とそうとしているのではないかという疑心暗鬼があったという。

中国に対する核攻撃まで念頭に置いている金正恩とすれば、中国が持つ対北カードである正男を暗殺しようと考えるのはある意味、当然だろう。

金正恩が、中国が正男を使って自分を倒そうと考えているという被害意識を持つに至ったのには張成沢が強い影響を与えている。

金正恩政権発足当初、金正恩の後見人と伝えられていた張成沢だが、金正日の生前は実のところ正男を支援していたのだ。正恩とその母高英姫に付いていたのは、張成沢のライバルである組織指導部の李済剛第一副部長だった。李済剛は、一九七三年、金正日が権力を握り始める頃、組織指導部指導員に登用され、一九八二年には組織指導部副部長兼金正日秘書室秘書に抜擢《ばってき》され、二〇〇一年から組織指導部第一副部長職に就《つ》いた。組織指導部部長は金正日が兼任しており、組織指導部は三人から四人の第一副部長を中心に、党、軍、政府、地方などの全ての幹部の人事を担当し強い権力を行使してきた。つまり、李済剛は一九七〇年代からの金正日の最側近だったのだ。

正男派の張成沢と、李済剛が支援する正恩・高英姫は、後継指名をめぐり激しい火花を散らしていた。二〇〇二年に人民軍が高英姫偶像化キャンペーンを行なったが、金正日の阻止で中断する。二〇〇三年高英姫が交通事故で重傷を負うが、これは張成沢側が企んだことだという噂が当時平壌で流れた。

二〇〇四年に高英姫が死亡するが、同年張成沢は、李済剛第一副部長らとの政争に負けて組織指導部を追放される。その後、張成沢は二〇〇六年に復活して公安機関を管轄する党行政部長に就任した。

二〇〇八年金正日が脳卒中で倒れ、二〇〇九年復帰した金正日が後継者に金正恩を選ぶ。ところが二〇一〇年六月、李済剛第一副部長が交通事故で死亡する。その背景に自分の寿命が長くないことを知った金正日が最側近の李済剛を切って、金正恩の後見人として実妹金慶姫とその夫張成沢を選んだという事情があった。やはり最後に信じられるのは血縁だったのだ。

以上のような経緯を知っている金正恩からすると、正男と親しく、母を交通事故にあわせたと疑われる張成沢はずっと警戒の対象だったのだ。

私が北朝鮮内部筋から聞いたところによると、二〇一一年十二月金正日が亡くなり、金正恩は自分が独裁者の地位に就くと、張成沢を呼んで「正男を帰国させましょう」と提案したという。それに対して張成沢は「その問題は中国と相談しなければならない」と言って賛成しなかった。二〇一二年一月に日本で正男のインタビューなどをまとめた本（五味洋治『父・金正日と私　金正男独占告白』文藝春秋）が出版され、それを不満に思った彼は、正男暗殺指令を下す。すると、四月には正男が正恩宛てに謝罪と命乞いの手紙を出している。

一方、張成沢はその後も中国の保護下で活動する正男に、自分の甥である張勇哲マレーシア大使などを使って多額の送金を続けていた。正男もしばしば叔母である金慶姫に電話してきた。

二〇一三年十二月、金正恩は組織指導部と国家安全保衛部から、張成沢が政変を企てようとしているという報告を受け、張成沢を逮捕した。その時、中国から張を「殺すな」というメッセージがきたという。それにより金正恩の張成沢への疑いはますます深まった。金正恩は張成沢が中国と組んで自分を追い落とし、正男政権を立てようとしたという組織指導部と国家保衛部の報告を信じたので、叔父である張成沢を残忍に処刑したのだ。判決文に次のような一節がある。

〈張成沢の奴（原文ママ）は政変を起こす時点、そして政変以後にはどうするつもりだったのかという質問に対して「政変時期はこれといった考えがあったわけではない。しかし一定の時期を見て経済が完全に挫折し国家が崩壊直前に至れば私がいた部署とすべての経済諸機関を内閣に集中させて私が総理の座に就こうと思った。私が総理になった後には今までさまざま名目で確保した莫大な資金で幾らかの生活問題を解決してやれば人民と軍隊は私に万歳を叫ぶはずで政変は順調に事を運べると計算した」と白状した。

張成沢は卑劣な方法で権力を奪取した後、外部世界に「改革者」と見なされた奴の

醜悪な面の皮を利用し、短い期間に「新政権」が外国の「認定」を受けることができると愚かにも妄想したのだった〉

ここから読み取れるのは、張成沢が中国と内通して政変を起こして総理の地位に就き改革開放政策を行おうとしていたという「罪状」だ。

実は、張成沢は二〇一三年初め、中国共産党幹部に密書を送った。それが発覚したのだ。このことをスクープしたのは元統一戦線部幹部で、現在韓国で北朝鮮ニュースサイトを主宰している張真晟氏だ。氏が産経新聞に寄稿した記事を引用する。

〈現在の北朝鮮権力状況を判断できる重要な情報を、私が運営する北朝鮮情報サイト「ＮＥＷＦＯＣＵＳ」の通信員が伝えてきた。張氏が二〇一三年初め、中国指導部に「北朝鮮体制を朝鮮労働党中心ではない内閣中心の構造に転換する」との手紙を送っていたのだという。

この手紙の内容が、昨年（二〇一三）暮れ、党組織指導部が主導した政治局拡大会議で張氏を解任する決定的な証拠となった。秘密警察である国家安全保衛部の四日間の予審では、手紙の意図、伝達の方法、その後の中国との秘密接触などが問題となり、張氏はクーデターを企て内閣総理になろうとしたとして、反党反革命罪に問われて即刻処刑につながった。

政治局拡大会議で公開された手紙は、「金日成同志の最も偉大な業績は朝鮮民主主義人民共和国を南朝鮮より富んだ強力な国に発展させたことだ」と述べ、その理由を「金日成同志が内閣制で国防を優先し軽工業と農業をともに発展させたこと」とし、一方で「しかし今の党中心体制は思想にすべてが押しつぶされる構造」と強調したという〉（産経新聞二〇一四年七月二日）

ここで確認したいのは、張成沢は金正恩政権を、ことさら否定するつもりはなかったという点だ。金正日時代にあまりにも党組織指導部の権限が強くなり、経済の合理的運営ができなくなったことを反省して、一九七〇年代初めまでの経済は内閣に任せて計画経済として一元的に運営する方式に戻そうとしただけだ。そのころ金日成は首相として政権を運営していた。改革開放を導入することを考えたのでもなく、ただ社会主義の基本である計画経済体制を再建しようとしたというだけだ。

張真晟氏から私が直接聞いたところによると、張成沢は金正恩に事前に手紙の内容を説明して決済をもらっていたという。しかし、権限を失う組織指導部は張成沢路線を許せなかった。それで、張成沢が、中国を後ろ盾に金正恩政権を倒そうとしているというストーリーを作ったという。

私が中国共産党につながる筋に確認したところ、確かにそのような手紙を受け取っていたという。

一方、中国側からは、張成沢は金正恩を倒して金正男政権を作ることを中国に相談していたという情報が漏れてきている。何が真実なのか？

米国を拠点とする中国語情報サイト「博訊」は二〇一五年二月にそれを具体的に伝える記事をアップした。産経新聞の矢板明夫記者が書いた記事から引用する。

〈同サイトが（2月）22日に掲載した記事によれば、2012年8月17日、訪中した張成沢氏は、中国の胡錦濤国家主席（当時）と密談した際、北朝鮮の最高指導者、金正恩氏を下ろし正恩氏の兄でマカオなどに住む金正男氏を擁立する可能性などについて約1時間話したが、胡氏は態度を明らかにしなかったという。

2人のやりとりの内容を知った当時の中国最高指導部メンバーの周永康氏が一部始終を北朝鮮側に密告したため正恩氏が激怒し、張氏は処刑され北朝鮮の親中派も一掃された。（略）

周氏は14年夏、中国国内の反腐敗一掃キャンペーンの中で失脚した。同記事によれば「周氏は北朝鮮への亡命を一時企てたが失敗した」という。

中国共産党の規律部門が発表した周氏の6つの容疑の中に「党と国家の機密を漏らした」との項目があった。張氏と胡氏の会談内容を北朝鮮に漏らしたことを指している可能性がある〉（産経新聞二〇一五年二月二十四日）

二〇一七年八月十六日、日本経済新聞（電子版）がこれとほぼ同じ内容を報じた。書いたのは中国専門家の中沢克二編集委員だ。このように、張成沢処刑の裏に、金正恩と中国との軋轢があったことは明白となっている。「『中国全土を射程に』習近平を脅す金正恩」というタイトルの中沢記事から関係する部分を引用する。

〈中朝関係はここ数年、かなりこじれた。要因は中国の内政にもある。北朝鮮側の主役は、金正恩の叔父で、処刑された張成沢だ。中国とのパイプ役だった張成沢は2012年8月17日、当時の中国トップ、胡錦濤と北京で会談した際、ある陰謀を口にした。

正統性なき金正恩を排し、中国の後ろ盾を得て兄の金正男を擁立したい［傍線西岡］——。重大な提案だった。胡錦濤は数日前、共産党大会を控えた「北戴河会議」で、長老の江沢民に自分の側近、令計画の不祥事を暴かれてタジタジになっていた。決断力が衰えていた胡錦濤は即答を避け、「最高指導部会議に諮る」と伝えるしかなかった。

これが張成沢と金正男が死に至る運命を決めたといってよい。

国家安全省と警察を仕切った江沢民派の最高指導部メンバー、周永康は金正日時代の北朝鮮とパイプを築き、後継者に指名された金正恩とも気脈を通じていた。周永康は張成沢の奇妙な動きを盗聴で察知し、内政の戦いに使う意図も絡めて、ひそかに金正恩へ通報した。実際の連絡役は、後に習近平政権が摘発した国家安全省幹部の馬建だったという。

激怒したのは金正恩である。張成沢を追い込み、13年末には有無を言わさず死刑にした。17年2月にマレーシアで殺された兄、金正男の事件も、この延長線上にある。

5年かけて中国側にいる兄を追い詰めた。

中国の周永康は13年10月に自由を奪われ、同12月に公式に拘束された。北朝鮮では張成沢の処分が同時進行していた。中国が早期に周永康の拘束を公表すると、張成沢との関係に焦点が当たってしまう。発表は翌夏まで引き延ばされた。周永康は最後は無期懲役になった。理由は汚職だ。だが、中国が発表した周永康の罪状を詳細に見ると、国家機密の漏洩が含まれる。機密の中身は説明されていない〉

張成沢が、中国共産党幹部に北朝鮮の権力構造を変えることについて相談したところ、それが金正恩に通報されて張成沢が処刑されたという大筋は、私がここまで書いてきたことと一致している。ただし、傍線部分「正統性なき金正恩を排し、中国の後ろ盾を得て兄の金正男を擁立したい」と本当に張成沢が語ったのか、あるいは張成沢処刑の口実として誰かがその部分を付け足したのか、まだ真相は明らかではないが、少なくとも、金正恩は張成沢が中国と組んで自分を倒し、金正男政権を作ろうとしていると疑って、張成沢を処刑したことは間違いない事実だ。

張成沢処刑との関連では、二回あった金正恩暗殺未遂事件が、張成沢による金正恩政権打倒の陰謀ではないかと疑われたことも無視できない。一回目は二〇一二年十一月三日、平壌紋繍通りの建設現場でのことだった。その日、金正恩は完工を控えた複合サービス施設柳京院と人民野外スケートリンク、ローラースケート場を視察するということになっていた。当日朝、ある男性が柳京院の近隣の横になった檜の木の下に巧妙に隠されていた、装塡された機関銃を発見して直ちに保衛部に申告し、暗殺未遂事件が発覚した。事件直後、金正恩官邸と別荘をはじめとする専用施設三十カ所余りに装甲車百台余りが新しく配置された。

二回目は、日本でも一部で報じられた二〇一三年五月、平壌市内での交通事故偽装暗殺企図だった。現場にいた女性交通巡査が「共和国英雄」称号を受けたことから、暗殺説が拡散していたが、北朝鮮は「金日成、金正日の肖像画を火事から守った」という偽情報を流していた。

この両者とも、犯人はついに捕えられなかった。犯人は捕まらなかったが、前者の工事は張成沢が管轄していたことや、最高指導者の日程を知りうる立場の人間が限定されることなどから彼が疑われた。当時の張成沢の威勢はある意味、金正恩を超えていた。何かを命じられると党や軍の幹部が、みな張部長は承認したかと聞いてくるほどだった。金正日の死後、党の秘密資金の大半も張成沢が握った。

金正恩は、そんな張成沢のことを自分を倒そうとしているのではないかと疑っていたのだ。それで張成沢を逮捕したところ、中国から処刑するなと連絡が来た。余計に疑いが深まって処刑したというわけだ。

その後、金正恩は、保衛部長金元弘に金正男暗殺を命じたが、中国が完全に身柄を隠していて実行できないでいた、という情報もある。また、保衛部の担当部署では、金正男を追跡していて、暗殺の機会はこれまでもあったらしいが、実兄を殺したあと、金正恩が心変わりして暗殺を実行した側を処罰しかねないと恐れて、中国の保護のため暗殺が困難だと報告していたという内部情報もあった。

二〇一七年になり、前年の二回の核実験で、前述の通り中朝関係はかつて無いくらい悪化し、金正恩は習近平が金正男を使って自分の政権を倒す工作をしてくると真剣に疑い、保衛部の担当部署を呼び、絶対に心変わりはないから正男を殺せ、ただし外国人の犯行に見せかけよという命令を下したのだ。それで、マレーシア空港での暗殺劇となったのだ。

もう一人、労働党政治局員で対南工作担当の書記だった金養建も、金正恩に中国との関係を疑われて殺された。彼は、二〇一五年十二月頃、年長の親しい幹部と酒を飲んだ席で次のように発言したのが問題とされたのである。

〈核実験は当分中止した方が良い。実験をして中国との関係を悪化させては利益がない。今度実験すれば中国は国連制裁に加わる。そうなれば再び、苦難の行軍時代が来る。延亨黙元首相が、「もし再び苦難の行軍時代が来れば、今度は人民は党を信じない」と言っていた。中国を刺激する核実験をせず、中国との関係を改善すべきだ〉

参加者の一人がこの発言を告発した。それを聞いた金正恩は「私の考えと違う人間とは仕事ができない」と言った。それを「殺せ」という意味に解釈した金元弘保衛部長と金英哲偵察総局長が相談して、偵察総局の十トントラックを使って交通事故を偽装したのだ。

二〇一五年十二月二十九日、金養建が新義州から平壌に上京してくる途中、新義州と安州の間の峠道で坂道を上ってくる車に、峠を登り切って下りてくるトラックが突然現れて事故を起こしたのだ。さいとうたかを氏の劇画『ゴルゴ13』に描かれるような暗殺のシーンが、北朝鮮では日々当たり前のように発生しているのだ。こういう粛清の悲劇は、金政権が続く限り終わることはないだろう。だが、金正恩自身が、「テロ」によって自滅する日が来るかもしれない。ルーマニアのチャウシェスクのように。

第三章　「拉致カード」で北朝鮮を追い込め

金正恩は譲歩するか？

本章では北朝鮮の核ミサイル開発をめぐり激動する朝鮮半島情勢の下で、どのようにしてすべての拉致被害者を取り戻すのかという問題を考えていきたい。

第一章で詳しく論じたように、二〇一七年九月の第六回核実験を受けて、米国は金融制裁の脅しを使い中ロに対して対北全面禁輸、あるいは石油の全面禁輸を迫った。安保理決議（九月十二日）では、そこまでの制裁は実現できなかったが、ともあれそれらがもしも、実現しても金正恩が譲歩してこなければ、アメリカは軍事作戦の準備のため、空母や駆逐艦、原潜などを大挙して朝鮮近海に集結させ、在韓米軍家族の避難、在韓米国人への避難勧告をするだろう。

そこまでいった時、私は、金正恩が譲歩してくる可能性が大きいとみている。彼はソウルや東京（や北京）を攻撃できる。しかし、それをすれば必ずトランプ（や習近平）に殺される。自分が殺される直前になって初めて独裁者は譲歩する。その時が、拉致被害者全員を取り戻す絶好のチャンスだ。逆に、その時核ミサイル問題だけで、米朝の妥協が成立し、拉致が議題からはずされたら大変なことになる。

そのことを想定して、私たちは二〇一七年二月に家族会・救う会合同会議を開き、次のような二〇一七年の運動方針を決めた。私の解説（➡部分）つきで紹介する。

〈政府は拉致問題を最優先とし今年中にすべての被害者を救出せよ！　全被害者救出のための実質的協議を行え！

二〇一六年、北朝鮮は二度の核実験と二十数回のミサイル発射という暴挙を行った。それに対してわが国政府は現在日朝鮮人の再入国不許可の拡大を除き厳しい制裁を実施し、国際社会も国連安保理制裁と米韓などが独自制裁を実行した。その状況に至り私たちは、核とミサイル問題の暴風の中で拉致被害者救出の旗が飛ばされ、被害者救出が後回しになってしまうのではないかという危機感を持ち、拉致問題と核・ミサイル問題を切り離して被害者救出に最優先で取り組んで欲しいと政府に求めた〉

➡「核とミサイル問題の暴風の中で拉致被害者救出の旗が飛ばされ、被害者救出が後回しになってしまうのではないかという危機感」という部分に注目して欲しい。この危機感はすべての関係者の本音だ。そこで、私たちの政府への要求は「拉致問題と核・ミサイル問題を切り離して被害者救出に最優先で取り組(む)」ことだ。

〈安倍晋三総理は二〇一六年九月十七日の国民大集会の直前、家族会と面談し「安倍政権にとって拉致問題の解決は最優先課題だ。『対話と圧力』、『行動対行動』の原則にのっとって、北朝鮮が拉致問題を解決しなければみずから未来を切り開いていくことはできないと認識させ、解決に向けて全力を尽くしていく」と決意を語った〉

➡実は政府は国会答弁などでは拉致問題を「最重要課題」と位置づけてきた。しかし、核ミサイル問題という大問題が浮上する中、いくつかある「最重要課題」の一つという位置づけでは拉致被害者救出の旗が飛ばされかねない。そのような危機感から私たちは「最優先課題」という語を使って欲しいと二〇一六年から繰り返し求めてきた。それに対して安倍総理はまさに同じ危機感を持って、二〇一六年九月に家族会と面談した席で「最優先課題」という語を使った。これは評価できる。

被害者救出のチャンス

〈今なすべきことは、北朝鮮との間で、全被害者を返すなら日本は、かけた制裁を下ろすことができることなどを見返り条件として実質的協議を持つことだ。わが国は全貿易の禁止や人道支援の停止など国連制裁よりも相当厳しい独自制裁をかけている。これは拉致問題が理由でかけられた制裁だ。したがって、全被害者が帰ってくるならこの部分の制裁は解除できる。制裁はかける時と下ろす時の二回使える。まさに制裁を下ろすことを見返り条件として被害者救出のための実質的協議ができる段階に入ったのだ。また、北朝鮮が秘密暴露をおそれるなら、被害者らが帰国後、反北朝鮮運動の先頭に立つことはなく、静かに家族と暮らすことを約束することもできる。これが、私たちが昨年九月以降、繰り返し主張してきた「新たな段階に入った救出運動」だ〉

➡「制裁はかける時と下ろす時の二回使える」という表現は、実は安倍総理が過去に繰り返し使ってきた。制裁のための制裁ではなく、全被害者を取り戻すという至上目標のための手段だという考えがそこに込められている。

「北朝鮮が秘密暴露をおそれるなら、被害者らが帰国後、反北朝鮮運動の先頭に立つことはなく、静かに家族と暮らすことを約束することもできる」という部分は、救う会が入手している北朝鮮内部情報を根拠に書かれたものだ。二〇〇二年九月、金正日が拉致を認めて謝罪するという大きな譲歩をした時、なぜ、蓮池夫妻、地村夫妻、曽我ひとみさんの五人は生存、横田めぐみさん、田口八重子さんたち八人は死亡とされたのか。その理由は知っている情報の差だった。

めぐみさんと八重子さんは北朝鮮の工作員に対する日本人化教育の教師だった。したがって、日本人に化けてスパイ活動をしている教え子がいるはずだ。もしかしたら、そのうち何人かは現在も日本で活動しているかもしれない。それが守りたかった秘密の一つだ。

　もう一つ、彼らが守りたかった秘密がある。それは金正日、金正恩の私生活だ。八重子さんは金賢姫に自分は金正日の秘密パーティに出たことがあると話している。そこでは韓国の歌が歌われ、いわゆる喜び組と称する若い女性らが過激な接待をしていた。また、めぐみさんは一九九五年頃、金正恩の日本語の家庭教師をさせられたという有力情報を救う会は入手している。反日パルチザンの家系を売り物にしている金正恩が実は、日本が好きだったということが暴露されると、まずいわけだ。

　だから、日本政府が北朝鮮と拉致被害者帰還について協議する際、日本政府は帰国後の被害者が反北朝鮮運動の先頭に立って、秘密を暴露するようなことが起きないように、本人と家族の意思を反映させると約束できる。それがこの部分の趣旨だ。


〈当然のことだが、全被害者一括帰国なしに制裁を一部でも下ろすことはあってはならない。一部で未だにささやかれている残留日本人、日本人妻、日本人遺骨収集など人道問題を先行して協議するなど絶対にあってはならない。北朝鮮がそれら人道問題を無視してきたことは糾弾されるべきだが、国家犯罪、主権侵害である拉致問題の解決なくして制裁解除や人道支援再開などはあり得ない。北朝鮮人権法でも国の責務として「国は、北朝鮮当局による国家的犯罪行為である日本国民の拉致の問題を解決するため、最大限の努力をするものとする」と定めている〉

➡実は、一部国会議員や関係者のなかで、拉致問題を後回しにしてそれ以外の人道問題で北朝鮮との協議を進めようという意見がある。拉致問題は他の人道問題とは人権侵害だけでなく主権侵害でもあり国家犯罪だから、先ず第一に政府が取り組むべき課題だとここで強調した。

〈私たちは政府に、制裁と国際連携を背景にして実質的協議を持ち、全被害者を最優先で救出することを求める。そして全国で、「すべての被害者を今すぐ返せ!」という怒りの声をあげるとともに、北朝鮮のようなテロ集団を支える活動をわが国内で行うことを阻止する新法を作るよう強く求める。朝鮮学校補助金停止問題、朝鮮大学校各種学校認可取り消し問題にも全力で取り組む。

わが国民が北朝鮮に拉致されて以来幾十年、政府認定被害者の拉致事件からさえ四十年経つ。被害者も家族も高齢化しており、もはや一刻の猶予も許されない。また平成九年に家族会と救う会を結成して救出運動を始めてから二十年もの歳月が費やされた。この間、多くの関係者がこの世を去り、被害者と家族の忍耐はすでに限界を超えている。平成十八年に政府拉致問題対策本部が発足して約十年が経過したが、なぜわが国政府は北朝鮮で祖国の助けを待っている拉致被害者を未だに救出できないのか。長い歳月の経過とともに失望や悲しみが深刻の度を急速に増している。

家族会・救う会は政府に対し、今年中に拉致被害者を救出することを強く求める〉

➡私たちが具体的な期限を切って解決を求めたのは今回が初めてだ。あまりにも長くかかっているという怒りがその背景にあるが、一方、核ミサイル問題で全世界が北朝鮮に圧力をかけている今が、全被害者救出の機会になり得るという情勢分析もこの要求の後ろにある。

繰り返し書くが、核問題でアメリカを中心に国際社会が強い圧力をかけている今こそ、全被害者救出のチャンスだ。もちろん、わが国が何もしなければ、国際社会の核問題をめぐる嵐の中で拉致被害者救出の旗は吹き飛ばされてしまう。しかし、ここで踏みとどまって、わが国が主体的かつ最優先で取り組めば、道は開ける。「求めよ、さらば与えられん」だ。

軍事圧力の後に譲歩する北朝鮮

過去、北朝鮮がなんらかの譲歩を行った時は、必ず米国から軍事圧力があった後でのことだった。

実はそのケースが過去に二回あった。九三年から九四年の第一次核危機と二〇〇一年から〇二年にかけてのテロとの戦いだ。

前者ではクリントン政権が寧辺の核施設の限定爆撃を準備していた。それを知った金日成がカーターを平壌に招いて、寧辺の原子炉の稼働を停止するという譲歩提案をしてきたのだ。しかし、北朝鮮は秘密裏にパキスタンから濃縮ウラニウムを作る技術を導入して核開発を続けた。

二回目は二〇〇一年〜〇二年の米国のテロとの戦争のターゲットに北朝鮮がなった時だ。二〇〇一年九月の同時多発テロ直後に米軍はパキスタンが核開発技術（すなわち濃縮ウラニウム製造技術）を北朝鮮に提供していたことを把握した。北朝鮮は九四年米国との核開発停止合意で毎年五十万トンの重油を米国から供給されていながら、核開発を続けていたのだ。その時、金正日は、米国の軍事攻撃をかわすために小泉純一郎首相を平壌に呼んで拉致をした事実を認め、五人を返すという譲歩をした。一方、小泉首相は早期の国交正常化と大規模経済支援を約束した。北朝鮮側の情報では日本外務省は裏交渉で百億ドルの提供を約束した。

その二回とも日本側が拉致被害者の全員帰国という条件を譲れない条件として設定していなかったため、不満足な結果にしかならなかった。詳しく経緯を見てみよう。

まず、第一次核危機にいたる経緯から検討する。

一九八六年、北朝鮮は寧辺の原子炉を稼働させた。五千キロワット級の黒鉛減速炉で、発電機も送電線もついていない。五千キロワットという大きさは実験用としては大きすぎ、発電用としては小さすぎる。ちょうど、原子爆弾の原料であるプルトニウムを抽出するのにふさわしい規模だ。米国もソ連も核開発の初期、同じ規模の原子炉でプルトニウムを生産した。米国は衛星写真などからそれを掴み、門外不出の衛星写真を日本の内閣情報調査室関係者などに見せて、危機感を共有しようとした。

ところが、日本政府は核問題は、米国の問題で日本は関係しないかのような姿勢で、一九九〇年には金丸信氏が議員団を連れて訪朝し、金日成と会って日朝国交正常化交渉を開始することで合意した。その時、金丸氏は、拉致問題も核ミサイル問題も金日成に提起しなかった。ここで、注目しておきたいことは、北朝鮮は米国が核問題で強い圧力をかけようとしていることを察知し、金丸を平壌に呼んで国交正常化を提起するという「対日接近カード」を切ったことだ。彼らにとって米国の圧力をかわすカードの一つが日本なのだ。

外務省は金丸訪朝を受け、一九九一年から九二年にかけて八回、日朝国交正常化交渉を持った。実は同交渉をはじめる直前に、外務省幹部はワシントンを訪問して米国政府に対して、「核問題は米朝協議で扱って欲しい、日本は国交正常化協議では核問題を議題にしない」という方針を説明した。ところが、米国政府が激怒して「核問題で一インチの譲歩もしてはならない」と外務省高官に通報したため、日本は国交正常化協議の議題に核問題を組み込んだ。

しかし、拉致問題は議題になっていない。関係者は周知のことだが、金丸訪朝の二年前の一九八八年三月、参議院予算委員会で梶山静六・国家公安委員長が、蓮池さん夫妻、地村さん夫妻、市川修一さん・増元るみ子さん、田口八重子さん（当時は、「李恩恵」という朝鮮名しか明らかになっていなかった。）、原敕晁さんらについて「北朝鮮による拉致の疑いが十分濃厚」という歴史的答弁をしていた。ところが、梶山答弁の三年から四年後に持たれた八回の国交正常化交渉の中で拉致問題が公式に取り上げられたのはたった一回、第三回交渉で、しかも田口八重子さんについてだけだった。

日朝交渉は、その後アメリカが核問題で次第に強い圧力を加えたため、中断した。そうすると北朝鮮は九三年五月に富山沖にノドンミサイルを発射して日本を威嚇した。その頃、私の所属していた現代コリア研究所は、日本から多額の朝鮮総連の秘密資金が北朝鮮の労働党三十九号室に送られており、それが核ミサイル開発の原資になっている、その流れを断てと提言した。その結果、内閣情報調査室が日銀などを使って調べたところ、九〇年代初めに年間千八百億から二千億円相当の現金とモノが北朝鮮に送られていることが判明し、日本政府は警察や税務署を使って資金の流れを断とうした。米国クリントン政権も、九四年に寧辺の核施設の限定爆撃を準備した。しかし、北朝鮮が全面的に反撃に出て戦争になった場合、「開戦九十日間で五万二千人の米軍と四十九万人の韓国軍の死者が出る」というシミュレーション結果が大統領に報告された。

二〇一七年、トランプ政権が軍事攻撃に言及する中、日本では多くの論者や記者らが「このシミュレーション結果を知ったクリントンが爆撃を断念した」と解説している。だがそれは間違いだ。たしかにシミュレーションをして、そういう予想がされたが、それでも北朝鮮が米本土まで届く核ミサイルを持つ時に発生する人命被害に比べれば小さいとの判断から、クリントン大統領は爆撃準備を続けたからだ。

この時金日成主席が出てきてカーター特使と会談し、核開発の凍結を約束し、実際に寧辺の原子炉を止めた。それが、米朝が結んだジュネーブ合意だ。同合意では原爆を作りにくい軽水炉の原子力発電所を二基、無料で北朝鮮に作り、発電所完成までの間、火力発電用の重油を毎年五十万トン、やはり無料で提供することになった。米国は重油提供を担い、原発建設費用は韓国、日本、EUなどに負担を求めた。時の村山政権は米国の求めに応じてKEDO（朝鮮半島エネルギー開発機構）への十億ドル支出に同意してしまい、実際五億ドルが支出された。なぜ、日本の出資の条件に、拉致被害者の全員帰国を入れなかったのか、当時、たいへん悔しい思いをしたことを今でも鮮やかに思い出す。

ここでの教訓は、軍事的圧力と労働党三十九号室が扱う統治資金が枯渇する時だけ、北朝鮮政権は実質的譲歩をするということだ。これが第一原則だ。

しかし、彼らはウソをつく。これが第二原則だ。そういう同意をしながら、北朝鮮は秘密裏にパキスタンから濃縮ウラニウムを作る技術を導入して核開発を続けたのだ。それが発覚したのが、テロとの戦いのまっただ中にあったジョージ・ブッシュ政権時代だ。これが二回目のチャンスだった。

二〇〇一年〜〇二年の米国のテロとの戦争のターゲットに北朝鮮がなったからだ。二〇〇一年九月の同時多発テロ直後に、米軍はアフガニスタンのアルカイダ基地への軍事攻撃を行った。その時、隣国パキスタンが米軍を受け入れた。パキスタンに入った米軍は同国の持つ核開発技術（すなわち濃縮ウラニウム製造技術）がテロリストやテロ国家に渡っていないか厳しく追及した。その結果、北朝鮮とイラクとリビアに同技術が渡っていることが判明した。濃縮ウランを作る技術の権威であるカーン博士はなんと十九回も訪朝して技術指導を行っている（共同通信二〇〇四年二月二十二日イスラマバード発記事によると、パキスタンのブット元首相は二〇〇四年二月二十日付けのパキスタン紙『ニューズ』でカーン博士が十九回北朝鮮渡航をしたと発言している）。

リビアはすぐ、核開発をしていたことを認めて、すべての施設を公開、最終的に破棄した。テロとの戦争で怒っているブッシュ大統領はその事実を知って二〇〇二年一月、北朝鮮を悪の枢軸の一つとして名指しし、戦争をしてでも核ミサイルを取り上げるという趣旨の宣言をした。その時、金正日は米国の軍事攻撃をかわすために小泉純一郎首相を二〇〇二年九月に平壌に呼んで拉致をした事実を認め五人を返すという譲歩をしたのだ。

しかし、当時の外務省は、核ミサイル開発を止めることや拉致被害者を全員取り戻すことを対北外交の目標としていなかった。彼らの第一目標は日朝国交正常化だった。本末転倒というしかない。

小泉訪朝の直前、米国はアーミテージ国務副長官を日本に派遣して、パキスタンの濃縮ウラン製造技術が北朝鮮に入って、核開発は続いていると通報した。しかし、小泉首相は金正日にそのことを糺《ただ》さなかった。両首脳がサインした日朝平壌宣言第四項には「双方は、朝鮮半島の核問題の包括的な解決のため、関連するすべての国際的合意を遵守することを確認した」と書かれ、あたかも北朝鮮が、九四年に核開発の凍結を約束した米朝ジュネーブ合意を守っているかのような北朝鮮の主張が明記されていた。米国からすると、同盟国が極秘情報を提供しているのにそれを信じないで、独裁国家北朝鮮の言い分を検証なしに受容したのが小泉訪朝だった。

一方、拉致問題についても当時の外務省は、北朝鮮に対して被害者の消息を出すことしか求めなかった。自ら要求水準を下げたのだ。本来なら全被害者の即時帰国を絶対譲れないものとして突きつけるべきだった。北朝鮮は小泉首相が平壌まで来るなら消息を出すとして、その引きかえに彼らに有利な平壌宣言署名を求めたのだ。

外務省は、核問題と拉致問題の解決を棚上げにし、あるいは少なくともその二つの重大問題を後回しにして日朝国交正常化に向けて進もうとしたのだ。北朝鮮は拉致被害者の中から比較的秘密を知らない五人を選んで「生存者」とし、それ以外の多くの秘密を知る被害者を「死亡」「未入境」に分類し、でたらめな死亡説明をつけて日本に提供した。外務省は当初、検証なしの北朝鮮通報を信じ、口移しで家族に「死亡」通報を行った。しかし、われわれは北朝鮮通報のウソを見抜き、被害者は生きているという大キャンペーンを行った。その結果、早期日朝国交正常化という流れが止まって、今日に至っている。

それを見ていた米国政府は、核開発を問題とせず国交正常化にひた走る外務省を止めた家族会・救う会を高く評価した。だから、われわれは訪米した時、大統領や上下両院の最高幹部らに面会できるなど厚遇を受けてきたのだ。

譲歩には「ウソ」がある

それでは現在のトランプ対金正恩の軍事緊張はどのような結末を迎えるのか。先に見た二つの実例からして、米国が軍事行動を決断すれば金正恩は譲歩してくるだろう。しかし、その譲歩には必ずウソが含まれていることを見破らなくてはいけない。たとえば、米国まで届く核ミサイルだけを廃棄するという線で妥協が成立するかもしれない。だが、北朝鮮の口約束は信じられない。どのように検証するかが大問題となる。

協議は難航するだろう。

我々はその時どのように対応して、拉致被害者全員帰国と日本に届く核ミサイル全面廃棄という日本の国益のゴールに事態を導くべきか。家族会・救う会はこのチキンレースをどう利用するかということを、ずっと考えてきた。

「拉致問題と核・ミサイル問題を切り離して、日本は拉致問題を先に話し合うことができると北朝鮮に呼びかけるべきだ。拉致が先行して解決すれば、認定、未認定に関わらず全員が帰ってきたら、国連制裁以上に日本が強くかけている独自制裁は見返りとして解除してもいい」という主旨の今年の運動方針も、この国際情勢の中で考えぬいて作ったものだ。

安倍晋三総理も同じ考えに立っている。トランプ大統領との三月の日米首脳会談で、拉致問題をかなり長い時間説明して、日米共同声明で、核・ミサイル開発をやめさせることと並んで、拉致問題の早期解決の重要性で認識を一致させたという部分が入った。

「早期」という語が入ったのだ。日本が拉致で最初に交渉することをトランプ大統領が許容したかのように読める外交文書ができたのである。

九月十九日、トランプ大統領が国連総会演説で、「十三歳の少女が海岸から北朝鮮に拉致された」という一節を含む演説を行った。翌九月二十日には安倍晋三総理大臣も、国連総会で横田めぐみさんをはじめとする日本人拉致被害者のことに言及した。安倍演説では「横田めぐみ」という名前まで出された。

北朝鮮の核ミサイル開発の急進展の結果、国際社会ではかつてないほど、北朝鮮への危機感が高まっている。私は、その中でも拉致問題の旗が飛ばされないようにしなければならないと、繰り返し主張してきた。今回、トランプ大統領と安倍総理が国連総会で連続して拉致問題を取り上げたことは、我々の主張が反映されたものと言える。歓迎したい。

トランプ演説には「正しい国が邪悪な国に対処しなければ悪が勝つ」という一節があった。トランプ大統領は、その邪悪な国の代表として北朝鮮を挙げ、その虐待の具体的例として、①北朝鮮住民への飢餓強制と抑圧、②米国学生ワームビア氏殺害、③金正男テロと並べて、「十三歳のかわいい日本人少女が自国の海岸で拉致されスパイの日本語教師として強制的に働かされたこと」を挙げたのだ。

アメリカの国益は、「アメリカまで届く核・ミサイルができることを阻止すること」

だ。そのため、数カ月から一年後に軍事行動に入ることがありうる。今そういう状況になってきた。しかし、九四年型処理の危険性もある。ぎりぎりのところで米朝が秘密交渉をして、「アメリカ本土まで届く核・ミサイルだけはやめます」と金正恩が約束して、アメリカも圧力をかけるのをやめるシナリオも当然ありうる。

そうすると、日本に届く核・ミサイルは残り、拉致被害者も帰ってこないことになりかねない。そして、さらにはアメリカが日本に圧力をかけて、北朝鮮と国交正常化をして多額の経済支援をせよと言ってくるかもしれない。そうなってもわれわれは拉致被害者が全員帰るまでは対北朝鮮支援はできないという姿勢を頑強に貫く覚悟を持つことが必要だ。

「トランプが何するか分からない。トランプに一番親しい安倍に説得してもらわないと自分の命が危ない」と、二〇〇二年の金正日のように金正恩が思ったら、安倍総理に彼が接近してくるだろう。その時、金正恩は、横田めぐみさんら拉致被害者を使って〝身代金（見返り）〟を取ろうと考えるかもしれない。

残念ながら今のところ、二〇〇二年の時のようになるという証拠はない。私が入手した北の内部の情報では、「まず金正恩はアメリカと交渉する。中国や韓国も相手にしない。日本との交渉はアメリカの次だ」と考えているという。

様々な変数がある。ただし、被害者を取り戻すことができるチャンスが二〇〇二年の小泉訪朝以来、十五年ぶりに到来していることだけは間違いない。息をのむ思いで私は事態の推移を見ている。

第二部

文在寅〝原作〟の「歴史戦」に負けるな！

第一章　「軍艦島・徴用工」を第二の「慰安婦」にさせるな

つまらないが恐ろしい映画

韓国で反日映画『軍艦島』が二〇一七年夏上映された。この映画は約二百三十億ウォン（二十三億円）という巨額の制作費をかけて大々的に宣伝されて公開され、初日の七月二十六日には九十七万五百十六名という史上最高の動員を記録した。また、八月四日からは米国とカナダの四十余カ所で上映が始まった。マレーシアやシンガポールなど東南アジアでも近く公開される。一体、どのような映画なのか確かめるため七月二十八日ソウルに飛んだ。ソウル市内の複数の映画館で四回、この映画を鑑賞した。

その後、八月二十三日には米国、ニューヨークで一回見たから合計五回見たことになる。

一言で言うと、つまらないが恐ろしい映画だった。まず、ストーリーがつまらないので言われているほどのヒットはしないだろうと感じた。その私の印象は当たり、韓国でも二週目から観客が急減した。

実は初日約百万の観客を集めたのには理由があった。大規模な前宣伝の結果、韓国国内のすべての映画館のスクリーンを『軍艦島』がほぼ独占したからだ。労組などもまとめて前売り券を買って組合員にばらまいてもいたともいう。韓国も日本と同じく映画館の主流はシネマコンプレックス（同一の施設に複数のスクリーンがある映画館）であり、映画館数でなくスクリーン数が基準になる。全国で二千七百スクリーンがあるが、軍艦島はなんと二千二十七スクリーン（七五％）で上映された。一つのスクリーンで同じ日に複数の映画を上映することもある。その場合も軍艦島は観客が多い午後や夕方に上映された。つまり、少なくとも全国の映画館の全スクリーン四分の三で軍艦島が一回以上、深夜など除くゴールデンタイムに上映されたのだ。同日、全国で合計一万八千四百四十回映画が上映されているが、そのうち、軍艦島は一万百七十四回

（五五％）を占めた。

ところが、スクリーン独占批判や史実歪曲《わいきょく》、中身がそれほど面白くないなどという評判がネットや口コミで広がり、二日目から観客が減りはじめ、三日目でやっと二百万（二日目以降の平均は初日の半分である五十万）、週末を挟んで一週間で約五百万人を突破したが、その後、二週目から激減し、十五日目である八月十日の観客数は八万八千四百七十九人と大幅に減り、他の映画におされて同日の観客数五位に転落した。監督らが豪語していた史上最高二千万動員はおろか、損益分岐点と言われる七百万にも届かなかったようだ。

また、八月二十三日には米国、ニューヨークのホテルフロントで上映館を探したが、すでにブロードウェイでの上映は観客が少なくて終わっており、ホテルからタクシーで三十分の韓国人多住地区まで行ってやっと上映館を見つけた。行ってみると、二百席くらいのうち、二十人くらいの在米韓国人が見に来ているだけだった。韓国以外の国での興業も失敗したようだ。

ただし、この映画がヒットしなかったからといって、軽く見てはならない。二つの意味でたいへん恐るべき映画だった。その二つの側面の両方が日本に多大な悪影響を及ぼす。深刻に受け止めて出来うる限りの対策を実行すべきだと考えている。

この映画の二つの恐ろしさについて結論を先に記す。

第一は徴用工と慰安婦に関してひどい歴史的事実の歪曲、捏造《ねつぞう》があったことだ。徴用工に対しては、船倉や貨車に積まれて移動、炭鉱についた直後の私有財産没収、殴られながらの坑道での重労働、粗末な食事とひどい住居などあたかもナチスのユダヤ人収容所での強制労働を思わせる描写が続く。

慰安婦についても、端島《はしま》に着いたところで軍人らが連絡船に乗り込んできて、徴用工に混じっていた女性らを全員、なぐりつけながら奴隷狩りのように連行し、遊郭《ゆうかく》で働かせる、小学生の少女も慰安婦にされるなどあり得ない描写が続く。

もう一つ、会社側幹部が、敗戦すれば朝鮮人を奴隷労働させていたことが戦争犯罪となって裁かれると恐れて、証拠隠滅のため朝鮮人鉱夫、慰安婦ら全員を炭鉱に閉じ込めて殺す計画を立てるという、もちろん端島炭鉱でも他の徴用現場でもまったく存在しなかったウソを、あたかも事実であるかのように描いている。

しかし、それを簡単に荒唐無稽と斥けられない理由がある。映画冒頭で次のような字幕が出る。

〈本映像は「対日抗争期強制動員被害者調査および強制動員被害者等支援委員会」資料と当時の実際の記事とインタビューなどを参考にした後、製作しました〉

ここで出てくる「委員会」とは盧武鉉《ノムヒョン》政権時代の二〇〇四年に特別法にもとづき作られた国立機関だ。日本人学者や活動家が協力する中、十一年かけた大規模な「調査」を韓国政府が行ない、その結果として多数の報告書が刊行され、二〇一五年、その調査結果をもとにして釜山に「国立日帝強制動員歴史館」が設立されている。この歴史館の虚構性については、九州大学教授の三輪宗弘氏が『歴史通』(二〇一七年四月春号)で「ユネスコも唖然? 韓国『日帝強制動員歴史館』の嘘八百」と題して詳細に論じている。

映画制作側は、この国立調査委員会が十一年間かけて実施した大規模な調査結果を土台にして作成したとして、日本からの批判に反論している。したがって、この映画の事実歪曲を本格的に批判するためには、韓国政府の調査の全体を把握し、それに反論しなければならない。その作業を日本の官民は怠ってきた。急がれるのは徴用工を受け入れた日本側関係者の証言収集だ。

第二は、この映画の隠された主題の怖さだ。それは、一言で言って革命煽動だ。文在寅政権がやろうとしている「ロウソク革命」を煽ることだったことだ。映画は、韓国の主流保守勢力を「親日派の末裔」として糾弾し、反共自由民主主義体制を弱体化して北朝鮮との連邦制統一を目指すという文在寅が狙う革命の煽動を隠された主題としていた。映画の一番の敵役、悪役は日本人ではなく、日本人に協力する朝鮮人であり、その親日派を多くの朝鮮人徴用工や慰安婦らが見る前で公開処刑する場面が、実は映画の隠されたクライマックスだった。独立後の韓国でそのような親日派処刑をしなかったから、革命が必要なのだというメッセージだ。以上、この映画の二つの怖さを結論的に書いた。

ありえない設定

ここからは、映画について詳しく論じよう。

もう一つ見逃せない恐ろしさが、このような映画を製作・配給したのが、サムソングループから分離した大企業グループだったという点だ。『軍艦島』を製作・配給した会社は韓国の最大手のCJエンターテインメントだ。同社は国内最大手の映画館チェーンも持っている。その映画館チェーンが総動員されて上映したから、初日のスクリーン占有率が七五％という驚異の数字を記録できた。

同社が所属するCJグループはもともと、サムソングループの第一製糖、砂糖やうまみ調味料などを作る食品メーカーだった。一九九三年にサムソングループを離脱し、映画や音楽などエンターテインメント分野に進出し、社名をCJと変更し独自の企業グループを作った。サムソン創業者故の孫（長男の息子）がグループのCJグループのオーナーだ。

同社が、二〇一五年『ベテラン』という映画で歴代四位の一千三百万以上を動員した有名監督と、今一番人気のある韓流スター俳優らを使い、二百四十億ウォン、二十四億円という巨額の制作費を投じて作ったのが『軍艦島』だ。だから単純に過去の歴史を再現して日本や親日派を批判するという政治的目的だけで作られた映画ではない。興行的に成功することを目指して作られた娯楽映画だ。

徴用工、慰安婦問題を題材にして、反日そしてロウソク革命支持という政治メッセージを出しつつ、興行的に成功する娯楽性も追求しなければならない。そのため、多くのストーリーや要素を詰め込みすぎ、かえって見る側を混乱させる散漫でつまらない映画になってしまった。韓国でも「二兎を追って失敗した」という評価が出ている。

時代は昭和二十年、舞台は長崎県端島炭鉱だ。同炭鉱は外形が軍艦に似ているとして「軍艦島」という別名があった。主要主人公は九人いる。朝鮮人七人と日本人二人である。しかし、ポスターや予告編などでは常に朝鮮人五人だけが出てくる。これには理由がある。まず、五人を紹介する。

韓国人に一番訴える親子の情を前面に出すため五人のうち二人を京城のジャズ楽団のリーダーの父と同楽団の小学生歌手である父娘とした。リーダー李カンオク役には歴代映画二位の観客記録を持つ「国際市場」で主演した、黄正民《ファンジョンミン》がキャストされた。日本でいえば渥美清か西田敏行のような国民的俳優だ。小学生の娘李ソヒ、有名子役金スアンが父と一緒に徴用され、慰安婦にされそうになるというストーリーはあまりにも事実と反する歴史捏造だ。

娯楽映画として成功するために、親子の情だけでは観客を引きつけられないからか、アクション場面と男女の恋愛をからませるため京城一の勢力を誇っている鍾路派（韓国では「組」と言わず「派」という）やくざの親分が、三人目の主要主人公となって子分らと同じ船で徴用される。人気俳優、蘇志燮《ソジソプ》が演じたやくざの親分崔チルソンは、朝鮮人労務係宋ジョングと風呂場で激しい喧嘩をし、最後には子分らとともに武装して徴用工らの脱出を背後から援護する。日本統治時代の実在のやくざ組織、鍾路派をモデルとしていることが韓国人ならすぐわかる。というのも、実在の人物である鍾路派の金斗漢《キムドハン》は過去に何回も映画やテレビドラマ化されヒットしているからだ。その人物像を借りて来たものだ。だが、やくざの親分が子分を引き連れて徴用されるという設定もあり得ない。

また、反日ものにはつきものの朝鮮人慰安婦を無理して徴用工と一緒に連行されてくる設定にして、彼女と親分のラブストーリーも加えた。ヒット曲を連発する歌手でもあるスター女優李貞賢《イジョンヒョン》が、慰安婦呉マルニョンを演じている。彼女は、最後に日本軍警備兵との銃撃戦でやくざらといっしょに警察署から奪った銃を撃ちまくり、撃ち殺される。死ぬ直前、二人は見つめ合って言葉を交わし、彼女が親分の腕に頭を置く形で並んで横たわった姿で息を引き取る。仲良く並んだ死体が何回か画面に大きく出るのだが、あたかも愛し合った二人があの世で一緒になることを誓っているかに見える。しかし、慰安婦が徴用工と一緒に動員されることはあり得ないし、慰安婦が訓練もせず銃を撃つことも不可能だ。

ポスターやチラシで中央に写っている映画の主人公は、独立運動組織「光復軍」から端島炭鉱に密命を帯びて派遣された工作員朴ムヨンだ。演じるのは二〇一六年に最高視聴率を取ったテレビドラマ『太陽の末裔』の主人公を演じて人気絶頂の韓流スター宋仲基《ソンチョンギ》だ。日本で言えば『永遠の0《ゼロ》』に主演したジャニーズの岡田准一のような存在だ。彼は学徒兵として日本軍の訓練を受け、脱走して中国西安にあった大韓民国臨時政府傘下の軍事組織「光復軍」の一員となり、米軍特殊部隊ＯＳＳに派遣されて工作員としての訓練を受けた——という設定になっていた。

確かに著名な言論人であった張俊河（故人）など、学徒兵から脱出して光復軍に入った実在の人物は複数いた。しかし、朴は一九四五年七月に、端島炭鉱で徴用工をしている独立運動家尹ハクチョルを脱出させるという密命を帯びて、徴用工に化けて端島炭鉱に潜入する。まず、この設定が荒唐無稽《こうとうむけい》だ。簡単に逃亡学徒兵が徴用工に化けることはできないはずだ。その後、工作員朴と尹先生のからみが映画のメインストーリーとなる。

以上、ジャズ楽団の父娘、やくざの親分、慰安婦、独立運動組織の工作員の五人が主要主人公だ。これに対して、日本の側について朝鮮人を虐待、迫害した「親日派」として二人の主要人物が登場する。やくざの親分と喧嘩した朝鮮人労務係宋ジョング（日本名、松本）と、工作員朴を助けに来た尹ハクチョル（日本名、伊藤）先生だ。そして、端島炭鉱の日本人所長の島崎とその部下の山田の二人の日本人が悪役として登場する。この四人は「悪役」だからかポスターやチラシなどには一切出てこない。

「徴用工」に対する捏造

それではこの映画がいかに歴史的事実、史実そのものを捏造しているのかを具体的に指摘しよう。大きく分けて三つの捏造があった。第一が徴用工に対する捏造だ。映画では徴用工らは関釜連絡船で日本に向かう。彼らは船倉に押し込められ、騒ぐと日本軍人が放水と発砲で脅すという場面が出てくる。これはあり得ない。徴用工は釜山で日本から迎えにきた受け入れ先、企業の日本人担当者に引率され、日本人と同じ船室で下関に渡った。

映画では、下関で窓のない貨車に強制的に閉じ込められて長崎まで移動する。これもウソだ。日本人引率者と列車に乗って移動した。

長崎から端島まで連絡船で移動し端島に着いた時、日本軍人らが船に上がってきて、棍棒で徴用工をめちゃくちゃに殴る場面があるが、これもウソだ。

さらには、端島に上陸直後、広場に集合させられた徴用工らは現金、指輪、懐中時計など金目のものをみな没収される。あたかもユダヤ人収容所を思わせる場面だが、そんな事実もなかった。

炭鉱での待遇もでたらめな描写が続く。映画では徴用工はさきに端島炭鉱で働いていた朝鮮人と同じところに収容された。これもあり得ない。端島炭鉱では戦時動員が始まる前から高賃金に引かれた朝鮮人鉱夫が働いており、その人々は日本人と同じ住居に住み、子供を日本人の学校に通わせていた。

実際に、徴用工は寄宿舎で集団生活をしたようだが、映画のような雑穀だけの粗末な食事、踏むと海水がにじみ出てくる畳が敷かれたひどい住居、銃を持つ警備兵が逃亡を監視しているなどいう虐待は事実とかけ離れている。

映画では朝鮮人鉱夫が担当する坑道と、日本人鉱夫が担当する坑道が完全に分離されていて、劣悪な条件の朝鮮人坑道で事故が起きた時、会社側は日本人坑道を守るため朝鮮人坑道の出口を爆破して中にいる朝鮮人鉱夫を生き埋めにしようとしたとなっている。ウソだ。

炭鉱内では日本人と朝鮮人が混じって作業をしていたし、事故があったら日本人でも朝鮮人でも必死で助けようとしたのが実態だ。そもそも人手不足でやっと確保した朝鮮人鉱夫は会社にとって貴重な存在で、見殺しにするなどあり得ない。

本章の後半で詳しく紹介する『朝鮮人徴用工の手記』（鄭忠海著、井上春子訳　河合出版）という本がある。映画と同じ時期、昭和十九年十二月に京城から広島の兵器工場に徴用された鄭忠海氏が一九七〇年に自家版として書いた手記を一九九〇年に邦訳したものだ。鄭氏が手記を書く頃は、戦後補償を求める運動などは存在しなかった。「自分の青春の痛烈な記録を残したい」という純粋な動機で書かれた手記からは、徴用の実態がよく分かる。

それによると、鄭氏は釜山で出会った日本人引率者と共に船で下関に渡り、列車で広島まで移動したという。新築の寄宿舎が準備され、畳も新しく絹のような布団も備えられていたという。

食事も大豆の混じった米の飯と筍と肉のおかずで、量も質も満足したという。作業はそれほど厳しいものでなく、朝鮮人徴用工らは、女子挺身隊として工場などに動員されていた日本人女学生たちと仲良く作業をしていた。

月給は百四十円という当時としては高給で、夕食後、広島名産の牡蠣《かき》やなまこ、ネーブルやみかん、そして酒を買ってきてよく宴会を開いていたという。

終戦となり、会社は寄宿舎と三食を提供し、朝鮮人徴用工の帰国のための船便を準備すると言った。しかし、それを待ちきれず、一人あたり四百円を出して自分たちで船をチャーターして鄭氏は朝鮮に帰ったという。

鄭氏も手記で、「わが祖国、我が民族の為に、闘いに行く、働きに行くのなら、諦めもできよう。だがよその国家と民族のために強制的に動員されていく身の上、弱小民族の悲哀」と心の内を書いている。日本側も朝鮮人たちのそういう複雑な心境を分かっていたから、戦時中の乏しい物資事情の下、できうる限りの待遇をしたのが実態だ。このような真実の声が聞こえなくなって久しい。日韓双方のマスコミの誤報、反日運動家や学者らの歴史を歪曲するさまざまな活動の結果だ。

「慰安婦」に関する捏造

次に、慰安婦に関する捏造を指摘しておきたい。端島には日本人と朝鮮人の娼妓《しょうぎ》がいる遊郭が存在した。これは事実だ。しかし、前述の通り、徴用工と慰安婦が一緒に連行されていくことはあり得ない。国家総動員法に基づく動員である「徴用」と、民間業者による慰安婦募集はまったく次元が異なる。

朝鮮でも日本統治時代に公娼制度が導入された。朝鮮総督府は、貧困の結果、売春をせざるを得ない境遇の女子らを業者の搾取《さくしゅ》から保護し、性病の蔓延を防ぐため厳しい規則（貸座敷娼妓取り締まり規則、一九一六年）を定めていた。娼妓は定められた遊郭でしか営業ができなかった。そこで警察が厳しい管理統制を行った。

まず、十七歳以上の女子しか営業は許可されなかった。そして、娼妓として営業をする者は、本籍、住所、氏名、妓名、生年月日、及び営業場所を記載し貸座敷営業者が連署した願書に、次の書類を添付して自分で出頭し警察署長に提出し許可を得なければならなかった。

一．父、母、戸主の承諾書　二．承諾者の印鑑証明書　三．戸籍謄本　四．娼妓営業及び前貸し金に関する契約書　五．娼妓業をする事由書　六．指定医師の健康診断書。

この公娼制度を戦地で軍の統制下で運営したのが慰安婦制度だった。端島の遊郭で働く朝鮮人娼妓らにも同等の規則が適用された。だから、小学生が慰安婦になるなど許しがたい歴史捏造だ。

警察や軍は許可を求めてきた女子と面談し、自分の意思で娼妓、慰安婦となるのかどうかを確認している。そこで「だまされた」と話せば、許可は下りない。たとえば、中国湖北省武昌の慰安所で昭和十九年十月、一人の朝鮮人女子が「慰安婦とは知らなかった」と就業を拒否したので、軍は業者に彼女の就業を禁じている（元漢口兵站司令部・軍医大尉、長沢健一『漢口慰安所』図書出版社）。

また、映画ではやくざの親分が遊郭に上がって朝鮮人慰安婦と話を交わす場面がある。そこで彼女は自分の全身に入れ墨が入っていることを見せながら、端島に来る前に中国の慰安所でこのような目に遭ったと告白する。

崔チルソン（やくざ）　ただ座っていろ。座っていろ。恋愛するつもりない。

呉マルニョン（慰安婦）　胸に入れ墨が入っているのを見てやる気がなくなったからだろう。

崔　お前も朝鮮人と話でもすれば少しは心が安まるだろうからだ。……

呉　最初は中国に連れて行かれた。どこに行くのかも分からず、金を稼げるといわれてトラックに乗せられて行ったら日本軍部隊だった。……平壌から連れてこられた女一人は言うことを聞かないと、日本の奴らが釘の板の上にのせて、こっちからあっちまで何回も回転させて、人たちが見ている前で殺された。そんな目に遭うかもしれないと、病気だということも言えないで、死んだ方がましだと……［聞き取れない・西岡補］を飲んだんだが、日本の医者が生き返らせた。生き返ったらある朝鮮人の野郎が冷たい水をかけて目を覚まさせて、日本の奴らが見ているところで入れ墨を入れられた。

慰安婦に送ったのも朝鮮人郡長だったたし、日本軍が後退してやっと生きて帰れるかと思ったところをまた捕まえてここに送ったのも朝鮮人売春屋の主人だった。朝鮮人と話をすれば心が安まるかって。

崔　少しはイライラをおさめて生きろ。生きているうちにいつかは気持ちよく死ねる日が来るというから。

平壌から来たという慰安婦が釘の上を転がされてなぶり殺しにされる場面と、呉マルニョンが無理やり入れ墨を入れられる場面が、回想シーンとして挿入されてもいた。

これは関係者周知のクマラスワミ報告書（一九九六年国連人権委員会にスリランカ人国連調査官のクマラスワミ氏が提出した日本人慰安婦問題に対する報告書。吉田清治証言などを根拠にして奴隷狩りのような強制連行があったと断定し、慰安婦を性奴隷と定義したでたらめな内容）に出てくる北朝鮮在住の「元慰安婦」の〝証言〟からとったものだ。

それによると日本軍が慰安婦を釘の上を転がして殺し、その首を切って鍋で煮てスープを作り同僚慰安婦に無理やり食べさせた。別の慰安婦は逆らったので全身入れ墨を入れられたとのこと。そのような「証言」が、同報告書に添付された北朝鮮政府提供の資料に入っている。しかし、クマラスワミ氏は北朝鮮訪問すらせず、ただ北朝鮮政府が提供した資料を一切裏取りなどの検証もせず、そのまま添付したのだ。つまり、まったく裏付けの取れていない信憑性に乏しい証言であり、日本の学界では左派学者らでも使うことはない。

映画の慰安婦、呉マルニョンが、郡長や売春屋の主人など朝鮮人によって自分はひどいことをされたといって、朝鮮人と話をすれば心が休まるだろうと言う崔チルソンの言葉に反論していることは、打倒すべきは「親日派」だという二番目のこの映画の恐ろしさにつながる重要な台詞だ。そのことは後述する。

「戦争犯罪」に関する捏造

三つ目の許しがたい捏造は、戦争犯罪を隠蔽するため朝鮮人鉱夫らを全員殺す計画があったという部分だ。これは映画の後半ストーリーの大前提で、この虐殺に尹先生が加担しており、それを独立運動工作員の朴が暴いて尹を公開処刑し、朝鮮人徴用工らが武装して島を脱出するという映画の最大の見所であるアクション場面につながる。

しかし、そのような事実は端島炭鉱ではもちろん、それ以外の徴用現場でもまったく存在しない。日本と日本人に対する許しがたい誹謗中傷だ。終戦後、徴用工を使っていた日本の会社は政府と協力して朝鮮への帰国の便宜を図った。それは当時を知る朝鮮人ならみな知っている事実だ。それなのに、なぜ虐殺計画というウソを映画が採用したのか。

元徴用工や勤労挺身隊員らが、韓国の裁判所で起こしている損害賠償裁判との関係を考えざるを得ない。そもそも、一九六五年の日韓協定で日本政府は無償資金三億ドル、有償資金（低利の融資）二億ドルを提供し、それをもって両国は徴用工らに対する補償が「完全かつ最終的に解決したことを確認した」。そのように請求権協定の第二条に明記した。

それだけでなく、後日協定の解釈について齟齬《そご》が生まれないように公表された「協定についての合意された議事録」で「完全かつ最終的に解決されたことになる両国およびその国民の財産、権利および利益並びに両国及びその国民の間の請求権に関する問題には、日韓会談において韓国側から提出された『対日請求権要綱』（いわゆる八項目）の範囲に属するすべての請求が含まれており、したがって、同対日請求要綱に関しては、いかなる主張をもなしえないこととなることが確認された」と明記している。

「対日請求権要綱」（いわゆる八項目）とは、一九五一年韓国李承晩政権が日本に求めた補償金や請求権のリストであり、その五に「被徴用韓人未収金」「戦争による被徴用者の被害に対する補償」「韓国人の対日本人又は法人請求」が列挙されている。徴用工らが日本企業や日本政府に補償を求める法的根拠は完全に消滅しているのだ。

一九六五年当時の日本の外貨準備高はわずか十八億ドルだった。そこから五億ドルを十年分割で払ったのだ。韓国政府はその資金を主としてインフラ建設に使った。ソウルと釜山の間の高速道路、春川のダム、浦項総合製鉄所などが作られ、漢江の奇跡と呼ばれる韓国経済の躍進に貢献した（韓国政府発行の『請求権白書』によると、日本が提供した請求金資金は一九六六年から七五年まで経済成長の二〇％に寄与したとなっている）。

資金提供が終わる七五年、韓国朴正熙政権は徴用と徴兵で動員された被害者のうち死亡者の遺族に限って当時の通貨で三十万ウォンを支給した。負傷者をはじめとする、生きて帰った元徴用工らには一切補償が出なかった。一九九〇年代、日本の反日運動家らの煽動にのって元徴用工らが、日本で徴用先の日本企業を相手に次々裁判を起こしたが、以上のような経緯があるから全部敗訴した。

この経緯は反日政策を展開した盧武鉉政権も認めていた。盧武鉉政権は二〇〇五年八月二十六日、「韓日請求権協定の法的効力範囲に関する韓国政府の立場」を発表している。そこで徴用工の補償は日本からもらった無償三億ドルに含まれていると見るべきだから、韓国政府がその資金から徴用工らの救済を行う道義的責任があるとして、以下のように認めた。

〈韓日協定交渉当時韓国政府が日本政府に対して要求した強制動員被害補償の性格、無償資金の性格、七五年韓国政府補償の適正性問題等を検討し、次のように整理した。
○韓日交渉当時、韓国政府は日本政府が強制動員の法的賠償・補償を認めなかったため、「苦痛を受けた歴史的被害事実」に基づいて政治的次元で補償を要求したのであり、このような要求が両国間無償資金算定に反映されたとみなければならない。
○請求権協定を通じて日本から受け取った無償三億ドルは個人財産権（保険・預金等）、朝鮮総督府の対日債権等韓国政府が国家として有する請求権、強制動員被害補償問題解決の性格の資金等が包括的に勘案されているとみるべきである。
○請求権協定は請求権の各項目別に金額を決定したのではなく、政治交渉を通じて総額決定方式で妥結したため、各項目別の受領金額を推定するのは困難であるが、政

府は受領した無償資金中相当金額を強制動員被害者の救済に使用すべき道義的責任があると判断される〉（傍線西岡）

この『軍艦島』映画が参考にしたと字幕に書いた「対日抗争期強制動員被害者調査および強制動員被害者等支援委員会」の業務の一つが、元徴用工らとその遺族への慰労金支給だった。同委員会は二〇一五年十二月までに七万二千六百三十一人に合計約六千二百億ウォンの慰労金を支給している。

死亡者・行方不明者の遺族に二千万ウォン、負傷者には障害の程度により三百〜二千万ウォン、未収金被害者に当時の一円を二千ウォンに換算、生還者のうち生存者に年間八十万ウォンの医療支援金が支給された。

これで完全に終わったはずの徴用工個人保障問題が、韓国の最高裁判所（大法院）判決で再燃しはじめる。日本での裁判に全敗した元徴用工らは、盧武鉉政権の慰労金支給決定の前、二〇〇〇年五月から韓国の裁判所に日本企業（三菱重工と新日鐵住金）を相手にする民事訴訟を起こしていた。当然、地裁、高裁は敗訴が続いた。ところが、李明博《イミョンバク》政権末期の二〇一二年五月二十四日、最高裁がそれをひっくり返すとんでもない差し戻し判決をくだしたのだ。判決はこう主張する。

〈日本の判決は植民地支配が合法であるという認識を前提に国家総動員法の原告への適用を有効であると評価しているが、これは日本による韓国支配は違法な占領に過ぎず、強制動員自体を違法とみなす韓国憲法の価値観に反していることが明らかであると指摘し、日本の判決を承認して原告らの請求を棄却した原判決は、外国判決の承認に関する法理を誤解している〉。また〈日韓請求権協定は、いわゆるサンフランシスコ講和条約（昭和二十七年　条約第五号）第四条に基づき、日韓間の債権債務関係を政治的合意によって解決したものであり、植民地支配に対する賠償を請求したものではない。日本の国家権力が関与した強制動員などの違法行為に対する損害賠償請求権については、日韓請求権協定によっても徴用工個人の請求権は消滅しておらず、大韓民国の外交的保護権も放棄されていない〉として、原告敗訴の原判決を棄却し事件を高裁に差し戻したのだ。

この差し戻し判決を受け下級審では繰り返し日本企業の敗訴がつづき、それに対して日本企業が二〇一三年七月に最高裁に再上告した裁判は現在まで四年経っても判決が出ず、たなざらしになっている。

二〇一二年判決で最高裁は「日本による韓国支配は違法な占領に過ぎず、強制動員自体を違法」という特異な論理を展開している。実はこの論理の提供者は日本人だった。和田春樹東大名誉教授ら親北左派学者は一九八〇年代以降、日本政府の「日韓併合条約は国際法上、合法的に締結された有効なものだった」というわが国の解釈を「不法に締結された当初から無効だった」と変えさせようという運動を執拗に進めてきた。併合条約締結百周年を迎えた二〇一〇年には、和田氏らが発起人となり、〝「韓国併合」百年日韓知識人共同声明〟なるものを発表した。

当時の菅直人政権に「日本による韓国支配は違法」だったとする談話を出させることを目標に精力的に働きかけていた。結果として、菅総理は日韓併合百周年談話で「政治的・軍事的背景の下、当時の韓国の人々は、その意に反して行われた植民地支配によって、国と文化を奪われ、民族の誇りを深く傷付けられました」と言って、当時の韓国人は不満だったということまでは認めたが、条約の効力無効まではさすがに踏み込まなかった（詳しくは拙稿「謝罪のたびに悪くなった日韓関係──『菅談話』の背後に蠢く輩たちと新たな禍根」『月刊正論』二〇一〇年十月号参照）。この歪んだ論理が、菅談話の二年後に韓国最高裁判決に転移したのだ。

この徴用工裁判を支援するためには、端島炭鉱で行われたことは人道に反する罪だと強調しなければならない。朝鮮人徴用工虐殺計画という、なんの根拠も存在しない誹謗中傷を映画のメインストリームにおかざるを得なかった理由がここにあると私は考えている。

今や、日本の一部では、裁判を起こされた日本企業と請求資金を使った韓国企業が資金を出し合って基金を作って徴用工などに金銭的支援を行うという構想がささやかれている。そのようなことをしては絶対にならない。徴用工らへの支援はあくまでも韓国内部の問題だ。したがって、基金を作るなら韓国企業だけが資金を出すべきだ。原則を曲げてはならない。官民で当該日本企業をサポートして、筋を貫くことを求めたい。

映画では最後に突然、「朝鮮人への強制的な労務があったことを（二〇一七年）十二月までに報告することを約束しているが、現在それが履行される様子はない」という字幕が出る。ＣＪエンターテインメントは七月二十八日、ユネスコ本部があるパリで上映会をもった。平成二十七年にユネスコ世界遺産に端島が登録された際、日本政府は徴用の歴史についても説明する約束をした。日本はあくまでも事実に基づく説明をすべきだ。

そのためにもこの映画が国際社会に悪影響を与えないように、静かにしかし毅然《きぜん》と映画『軍艦島』には、あまりにひどい歴史捏造があり、悪意を持って日本と日本人を誹謗中傷しているというメッセージを官民で国際社会に発信しなければならない。私もできる限りの努力をしたい。

処断される「親日派」

最後にこの映画の隠された主題の恐ろしさについて触れる。

私が繰り返し指摘してきたように、文在寅韓国大統領とその支持勢力は戦前日本に協力した親日派が処断されず、反共・親米派に化けて主流勢力となったという「反韓自虐史観」に立ち、主流勢力を全部交代させると公言している。それが彼らの言う「ロウソク革命」だ。この映画も同じ歴史観に立っており、「人民裁判」や「武装蜂起《ほうき》」など暴力による革命を肯定する独善さが底流に流れている。

柳昇完監督は、七月二十八日、日本からの批判に対する反論文をネット公表し、その中で「取材した事実を基にして、当時の朝鮮人強制徴用の悲惨な実態と日本帝国主義の蛮行、そして日帝に寄生した親日派の人倫に反する行為を描こうとした」と述べ、親日派告発が映画の主題の一つだったことを認めた。

映画では、分かりやすい親日派として、鉱夫を虐待する労務係の宋ジョングが出てくる。宋は日本人に二回裏切られる。一回目は空襲の時、日本人だけが防空壕に入り、宋は入るのを阻止された。二回目は武装して脱走を図った朝鮮人と日本人が銃撃戦を展開する中、宋は部下の朝鮮人と共に、日本人側に立って交戦するが、日本人幹部の山田は「労務係であっても朝鮮人は全員殺せ」と命令し、宋の部下は日本人に撃ち殺された。

前述の通り朝鮮人慰安婦呉マルニョンは、朝鮮人の女衒《ぜげん》や慰安所主人によってひどい目に遭ったと語り、親日派朝鮮人への怨みを口にした。呉を演じた女優の李貞賢は、韓国紙インタビューで「『日本が無条件に悪い』と言わないところが気に入りました。実際の歴史をみても、朝鮮人が同じ朝鮮人をだましてもいました。歴史的事実を軸にして映画的ストーリーを加味した点がとても良かったです。普通は慰安婦被害者を表に出せば哀しいのですが、『軍艦島』の呉マルニョンはワンダーウーマンみたいです。

このキャラクターに私を選択してくださって本当にうれしく、感謝しています」(韓国経済新聞七月二十七日)と親日派批判を展開している。

独立運動家出身で朝鮮人鉱夫から「先生」として尊敬されている尹ハクチョルが、実は親日派だったというどんでん返しもあった。尹は会社側と交渉する役割を果たしながら、裏で朝鮮人鉱夫の賃金や死亡補償金などを横領していたという設定だ。その事実を隠蔽するため、女子供を含む全ての朝鮮人を坑道に生き埋めにして殺そうという会社の陰謀に加担する。

独立軍工作員の朴は、尹先生を逃がす工作を進める中で、彼が日本人所長と内通して朝鮮人鉱夫らの賃金と死亡補償金などを横領して山分けしていた証拠を発見する。尹は、米軍の爆撃で多大な被害を受けた端島炭鉱を再建するため朝鮮人が団結して協力する見返りに、大幅賃上げ、待遇改善、希望者の朝鮮への帰国約束を会社から得たと鉱夫らが全員集まる集会で発表した。そして、その第一歩として明日、女子供も含む全朝鮮人が炭鉱の中に入って団結のための行事を行うので参加しようと提案する。

ところが、そこに、尹に銃で撃たれて死んだと思われていた工作員朴が現れて、尹の話は全部ウソだと告発する。みなも見る前で激しく尹を告発し、最後に、朴が尹の喉を切り裂いて殺してしまう。暴力礼賛の人民裁判だ。

その時の尹を殺す直前の朴の台詞「反民族行為を朝鮮の名前で処断する」が印象深い。その部分を再現する。まさに親日派の処断だ。

朴　尹ハクチョルは今日、所長に会っていない。所長は死んだ。みなさんが明日、坑道に集まれば所長の代わりに山田（日本人会社幹部）がみなさんを生き埋めにするのです。

尹　朴ムヨン、これ以上、みんなを混乱させるな。

朴　米軍は沖縄を占領し、戦争はもうすぐ終わる。この尹ハクチョルは山田といっしょにみなさんを生き埋めにして、この島から抜け出して米軍のところに逃げる計画だ。

尹　でたらめいうな。

朴　みなさんは戦争物資を供給した端島の戦争犯罪を告発できる決定的な存在です。だから会社はみなさんを坑道の中に生き埋めにして証拠をなくそうというのです。

尹　君たちが血と汗を流したこの金は結局、日本人たちの汚い金ではないか。その金を独立運動の資金にしようとした私の何が悪いのか。

朴　伊藤たかみち、尹ハクチョル。民族の敵と内通し、人民の血を売って私利私欲を肥やした罪、指導者になりすまし民衆を欺瞞《ぎまん》した罪、反民族行為を朝鮮の名前で処断する。

その後、手に手にロウソクを持つ徴用工や慰安婦らが、全員で島を脱出するという朴の提案に対して、参加するかどうか論争する。三人の鉱夫が次のように自分の意見を言う。

A　そんなことしないで、今からでもわれわれは日本人と話し合いましょう。
B　そうだ。はっきり言って日本人はわれわれより意識が高い人たちだから話し合いでもすればうまくいく。
C　話し合い。言葉で言ってわかるなら、なんで俺たちがここでこんなめにあっているのだ。関東大地震の時朝鮮人が井戸に毒を入れたと噂を流しみんな殺したじゃないか。

ここで、Bが「日本人はわれわれより意識が高い人たちだ」と話している点に注目したい。韓国では「日本から学ぶべきことは多い」という意見が年長者などを中心に根強くある。それを意識した台詞だ。最終的にA、Bなど十人程度の対日交渉派は脱出に参加しないことを決めた。

実はその日の昼、端島に住む日本人住民が「朝鮮人は島から出ていけ」というデモをした。プラカードまで持ったまさにヘイトスピーチデモだ。当時はそのようなものは無かった。これも歴史捏造だ。

その日の夜中、大多数の徴用工らが朴らに引率されて宿舎を出た。その後、反朝鮮デモを行った数人の日本人が朝鮮人の宿舎に放火し、日本を信じた彼らは焼け死んでしまう。日本人との話し合いを求めた「親日派」は日本人に裏切られるというストーリーだ。

朴らは武装して島を脱出する計画を立てるが、その時鉱夫は皆、ロウソクを持って計画参加を誓う。今日、革命勢力の従北左派がロウソク集会で反朴槿恵、親文在寅を訴えた姿と重なり、韓国内の保守派知識人は予告編でロウソクを見たとたん、この映画は従北左派の宣伝映画だと見抜き、ネットなどで批判を開始した。

映画の中で日本人会社幹部の山田を、ジャズ楽団リーダー父子が銃で撃ち、火炎瓶で全身を燃やし、最後に工作員朴が日本刀で火まみれの山田の首を斬り落とし、戦闘は朝鮮人側の勝利で終わる。この結末も非現実的だ。

鉱夫らは石炭運搬船を奪って長崎へ向かうが、その時長崎に原爆が落とされる。それを船の上から黙って見詰める彼らの姿で映画は終わる。「あそこにも朝鮮人がいるのに」と一人がつぶやくが、日本人の被害に触れる者はいない。私の偏見かもしれないが、日本人への復讐の成功を喜んでいるようにも見え、従北左派が北朝鮮と統一国家をつくって核兵器を持った時に何が起きるか想像して背筋が寒くなった。

韓国の反日キャンペーンに加担する日本人

文在寅韓国大統領が、二〇一七年八月十七日の記者会見で、日本統治時代に徴用されて働いた徴用工問題で、個人の賠償請求を認めた韓国裁判所の立場を支持する考えを示した。文氏は「（徴用工問題を解決した政府間の）両国合意は個人の権利を侵害できない。政府はその立場から歴史認識問題に臨んでいる」とまで語った。

その後、安倍首相との電話会談で国家対国家の請求権処理は終わっているという立場を表明したというが、文在寅大統領発言は、一九六五年に作られた日韓国交正常化の枠組みを根底から覆《くつがえ》しかねない危険性を含んでいる。

わが国政府は、徴用による労働動員は当時、日本国民だった朝鮮人に合法的に課されたものであって、不法なものではなかったと繰り返し主張している。しかし、それだけでは国際広報として全く不十分だ。韓国では映画『軍艦島』や新たに立てられた徴用工像などを使い、あたかも徴用工がナチスドイツのユダヤ人収容所のようなところで奴隷労働を強《し》いられたかのような宣伝を活発に展開している。このままほっておくと、徴用工問題は第二の慰安婦問題となって「虚偽宣伝」でわが国の名誉がひどく傷つけられることになりかねない。官民が協力して当時の実態を事実に即して広報して、韓国側の虚偽宣伝に反論しなければならない。

二〇一五年七月、明治日本の産業革命遺産が世界遺産に登録された。その際、日本大使が「forced to work under harsh conditions」と演説した。韓国がこの間、国際社会に「強制労働」を宣伝してきた。外務省は韓国が「Forced Labor」という国際法上の強制労働を意味する語を使わないことの見返りに「forced to work」という表現を使うことにし、この語は強制労働を意味しないと外相会見などで繰り返し弁解した。一方、韓国の政府とマスコミは「forced to work」という表現でも強制性は認められていると主張している。

事実関係に踏み込んで反論をせず、用語の面で足して二で割る表現をして妥協するというこれまでと同じ歴史戦争での負けパターンだ。外務省は朝鮮人労働者の戦時動員の実態を事前に調査し、英文などの分かりやすい資料で広報をしておくべきだった。

今、政府は、徴用による労働動員は当時、日本国民だった朝鮮人に合法的に課されたものであって、不法なものではなかったと繰り返し主張している。しかし、それだけでは国際広報として全く不十分だ。そもそも、当初韓国政府は戦時中、産業革命遺産の二十三施設のうち七施設に朝鮮半島出身者約五万八千人が送られ、働かされたと主張して、世界遺産登録に反対していた。この五万八千という数字は、徴用によって動員された数字ではない。一九三九年にはじまった国家総動員法に基づく戦時労働動員の全体の数字だ。

国家総動員法にもとづき朝鮮半島から内地（樺太《からふと》など含む）への労働動員が始まったのは一九三九年である。一九三九年九月から一九四一年までは、指定された地域で業者が希望者を集めた「募集」形式。一九四二年十二月から一九四四年八月まではその募集が朝鮮総督府の「斡旋《あっせん》」により行われ、一九四四年九月に国民徴用令が適用された。なお、一九四五年三月末には関釜連絡船がほとんど途絶えたので、六カ月あまりの適用に終わった。

一九六〇年代以降、日本国内の朝鮮総連や日本人左派学者がこれら全体を「強制連行」と呼び始め、彼らの立場からの調査が続けられてきた。

韓国でもまず学界がその影響を受け、次第にマスコミが「強制連行」を報じるようになった。前述の通り韓国政府も盧武鉉政権時代の二〇〇四年、日帝強占下強制動員被害真相糾明委員会を設立した。ここで言われている「強制動員被害」とは、「満州事変から太平洋戦争に至る時期に日帝によって強制動員された軍人・軍属・労務者・慰安婦等の生活を強要された者が被った生命・身体・財産等の被害をいう」（日帝強占下強制動員被害真相糾明等に関する特別法）。

まず、日本において問題提起がなされ、それが韓国の当事者を刺激し、運動が始まり、韓国マスコミが大きく取り上げ、韓国政府が動き始めるという慰安婦問題とほぼ同じパターンで事態が悪化しているのだ。日本の反日運動家と左派学者らは、二〇〇五年、「強制動員真相究明ネットワーク」（共同代表飛田雄一、上杉聡、内海愛子）を結成して、韓国政府の調査を助けている。

共同代表の一人である内海愛子は、二〇〇〇年の「女性国際戦犯法廷」で、東京裁判を「天皇の免責、植民地の欠落、性暴力の不処罰」を理由に批判した、代表的な学者だ。彼らは、日本の朝鮮統治が国際法上、非合法であったという立場を日本政府に認めさせ、国家補償を実施することを目的とした大規模な政治運動を続けている。彼らはこう主張している。

〈「強制連行がなかった」とする主張の根本には、植民地支配は正当なものであるという認識があります。日本による植民地支配は正当な支配であり、動員は合法的なものであるという考え方です。しかし、韓国では「韓国併合」を不法・不当ととらえており、日本に強制的に占領された時期としています。

まず、植民地として支配したことを反省することが大切でしょう。（略）強制的な動員は人道に反する不法行為でした。

強制連行は虚構や捏造ではありません。強制連行がなかったという宣伝じたいがプロパガンダであり、虚構や捏造です。

歴史学研究では、戦時に植民地・占領地から民衆の強制的動員がなされたことは歴史的事実として認知されています。歴史教科書にもそのような認識が反映され、植民地・占領地からの強制的な動員がなされたことが記されています。朝鮮人の強制連行はそのひとつなのです〉（同ネットワーク『朝鮮人強制連行Ｑ＆Ａ』）

先に書いた通り和田春樹・東大名誉教授らは日本の朝鮮統治を不法・不当なものと位置づけ、日韓関係の基礎を崩そうとする運動を一九八〇年代からしつこく続けてきた。

そして、その論理を流用する形で二〇一二年五月に、韓国の大法院（最高裁判所）が「個人請求権は消えていない」と判定し、三菱重工業や新日本製鐵（現・新日鐵住金）など日本企業は、徴用者に対する賠償責任があるとして原告敗訴判決の原審を破棄し、原告勝訴の趣旨で、訴えをそれぞれ釜山高裁とソウル高裁に差し戻すという、日韓基本条約秩序を根底から覆《くつがえ》す判決を下したが、同ネットワークの日本人学者・運動家らはその判決を強く支持して次のように主張した。

〈そこ（大法院判決・引用者補）では日本占領を不法な強制占領とし、そのような不法な支配下での動員法は大韓民国の憲法に相反するものとしています。そして、強制動員を不法なものとして、原告の個人の請求権は日韓請求権協定では消滅していないとしました。（略）つまり、強制動員は不法であり、個人の損害賠償請求権がある、会社には支払う義務がある、という判決を出したわけです。（略）韓国政府はもとより、日本企業もこの判決への対応が問われているのです。この判決に従っての問題解決が求められているわけです〉（同ネットワーク『朝鮮人強制連行Q＆A』）

繰り返し強調しておくが、彼らは一九六五年の日韓基本条約体制を根本からくつがえそうとしているのだ。

二〇〇五年から始まった反日歴史外交戦

彼らの反日キャンペーンに対抗する国際広報では、一九三九年から一九四五年にかけての朝鮮人労働者の戦時動員全体像を正しくアピールする必要がある。もっと言うと、日本の統治時代に朝鮮でどの様な社会変化が起きたのかについても、事実を正しく研究し、日本の国益と日韓基本条約体制を守る立場から、しっかりした国際広報が必要なのだ。

そもそも、韓国政府が対日歴史戦を公式に宣言したのが二〇〇五年だった。盧武鉉政府が同年三月「新韓日ドクトリン」を発表し、「最近の日本の一隅で起きている独島（竹島）や歴史についての一連の動きを、過去の植民地侵略を正当化しようとする意識が内在した重い問題と見て、断固として対処する」「我々の大義と正当性を国際社会に堂々と示すためあらゆる努力を払い、その過程で日本の態度変化を促す」と歴史認識と領土問題での日本を糾弾する外交を行うことを宣言し、大統領談話で「侵略と支配の歴史を正当化し、再び覇権主義を貫こうとする（日本）の意図をこれ以上放置できない」「外交戦争も辞さない」「この戦いは一日二日で終わる戦いではありません。持久戦です。どんなに困難であっても甘受するという悲壮な覚悟で臨み、しかし体力消耗は最大限減らす知恵と余裕をもって、粘り強くやり抜かねばなりません」などと述べて、多額の国費を投じて東北アジア歴史財団を作る一方、全世界で日本非難の外交戦争を展開し、それが現在まで続いているのだ。

日本は同年に戦後六十年の小泉談話を出して「侵略と植民地支配」を謝罪したが、日本の国益の立場から戦前の歴史的事実を研究し国際広報する体制を作るという問題意識を持たなかった。その上、日本国内では前記したように反日運動家らが韓国政府の反日歴史外交に全面的に協力する研究と広報体制を作り上げていった。

私は同じ二〇〇五年、強い危機意識をもって『日韓「歴史問題」の真実　「朝鮮人強制連行」「慰安婦問題」を捏造したのは誰か』（ＰＨＰ研究所）という本を書いた。しかし、ほとんど世の関心を集めることはなく同書は絶版となっている。

ここでその主要部分を紹介して、事実に基づく国際広報の一助としたい。

労働者の戦時動員について私はまず、統計資料を使ってマクロ的に分析し、その次に、戦後補償問題が台頭する前に書かれた前出の徴用労働者の手記などを使って、当時の徴用工の生活実態をミクロから明らかにした。

最初に統計分析について紹介する。実は、この分野では森田芳夫先生という大家がいらっしゃる。戦前、京城帝国大学を卒業された森田先生は、日本人の朝鮮からの引き揚げについて膨大な資料を集めて書かれた『朝鮮終戦の記録――米ソ両軍の進駐と日本人の引揚』や、『数字が語る在日韓国・朝鮮人の歴史』の著者として学界では有名だ。戦後、外務省と法務省に勤務して、戦前と戦後の在日韓国・朝鮮人について詳細な調査をされた。当時の日本政府は、韓国との国交交渉に備えて事実関係を日本の立場から調査しておくという姿勢があった。拙著のマクロ分析は主として森田先生が研究された統計を私なりに整理分析したものだった。

まず、一九三九年国家総動員法にもとづき「朝鮮人内地移送計画」が作られた。それにもとづき、約六十三万人の朝鮮人労働者が朝鮮から日本内地（樺太と南洋を含む）に移送された。

ただし、そのうち契約が終了して帰還したり、契約途中で他の職場に移った者が多く、終戦時に動員現場にいたのは三十二万人だった。

それに加えて終戦時に軍人・軍属として約十一万人が内地にいた。これらが朝鮮人の戦時動員だ。

動員が始まる前年一九三八年にすでに八十万人の朝鮮人が内地にいた。動員が終わった一九四五年には二百万人が内地にいた。つまり、国家総動員法が施行された一九三九年から一九四五年の間に内地の朝鮮人は百二十万人増加した。しかし、そのうち同法に基づく戦時動員労働者は三十二万人、軍人・軍属を加えても四十三万人だけだった。

つまり動員された者は動員期間増加分の三分の一にしか過ぎなかった。その約二倍、八十万人近くは戦時動員期間中も続いた出稼ぎ渡航だった。

終戦時内地にいた朝鮮人二百万人のうち八〇%、百六十万人は自分の意志により内地で暮らす者たちだった。

ちなみに、併合前の一九〇九年末の日本内地の朝鮮人人口はわずか七百九十人程度だった。しかし、日本統治時代三十五年間の結果、戦時動員された四十万人の四倍にあたる百六十万人が自分の意志により内地で暮らしていた。

戦時動員が始まる前から、朝鮮から内地へ巨大な人の流れがあったのだ。この大部分は出稼ぎ渡航だった。そしてその流れは戦時動員期にも増え続けた。結論から先に書くと、国家総動員法にもとづく朝鮮における戦時動員は、この巨大な朝鮮から内地への出稼ぎ渡航の流れを、戦争に不可欠な産業に優先的に配置しようとする試みだった。しかし、それはほぼ失敗した。

不正渡航者を〝強制送還〟

まず、出稼ぎ渡航の背景を見ておく。

第一に、統治時代に朝鮮の人口が急増したことだ。一九一〇年に一千三百万だったのが、一九四五年には二倍以上、二千九百万人になった。朝鮮の二千五百万人の他、内地に二百万人、満洲・華北に二百万人、ソ連に十万人がいた。

第二に、当時の内地に多数の出稼ぎ渡航を受け入れる労働力需要があったことだ。戦時動員期間には日本人男性が徴兵で払底《ふってい》していたことから、内地の肉体労働の賃金が高騰していた。

日本語が未熟で低学歴の朝鮮農民が多数日本に渡航したことにより、日本社会と摩擦を起こした。また、不景気になると日本人労働者の職を奪ったり、低賃金を固定化するという弊害もあった。そのため、戦時動員期以前は、朝鮮から内地への渡航は総督府によって厳しく制限されていた。渡航証明書なしでは内地にわたれなかった。

総督府の統計によると、一九三三年から一九三七年の五年間、百八万七千五百人から渡航出願が出され（再出願含む）、その六〇％にあたる六十五万人が不許可とされた。許可率は半分以下の四〇％だった。

当然、不正渡航者も多かった。内地では不正渡航者を取り締まり、朝鮮に送還する措置を取っていた。これこそが〝強制連行〟だ。一九三〇年から一九四二年まで十三年間に内地で発見され朝鮮に強制送還された不正渡航者は合計三万三千人にのぼる。

特に注目したいのは、戦時動員の始まった一九三九年から一九四二年までの四年間で送還者が一万九千人、全体の五七％だったことだ。むしろ動員期間に入り不正渡航者の送還が急増したのである。驚くべきことに、戦時動員開始後、動員対象者になりすまして「不正渡航」する者がかなりいた。戦時動員期に内地での労働力不足が深刻化し、賃金が高騰していたからこそ、一旗揚げようと考える出稼ぎ渡航希望者が急増したのだ。

戦時動員は大きく二つの時期に分けられる。

一九三八年国家総動員法が公布され、内地では一九三九年から国民徴用令による動員が始まったが、朝鮮では徴用令は発動されず、一九三九年九月から一九四二年一月までは「募集」形式で動員が行われた。

戦争遂行に必要な石炭、鉱山などの事業主が厚生省の認可と朝鮮総督府の許可を得て、総督府の指定する地域で労働者を募集した。募集された労働者は、雇用主またはその代理者に引率されて集団的に渡航就労した。それによって、労働者は個別に渡航証明を取ることや、出発港で個別に渡航証明の検査を受けることがなくなり、個別渡航の困難さが大幅に解消した。一種の集団就職だった。

この募集の期間である一九三九年から一九四一年までに、内地の朝鮮人人口は六十七万人増加した。そのうち、自然増（出生数マイナス死亡数）は八万人だから、朝鮮からの移住による増加分（移住数マイナス帰国数）は五十九万人だ。そのうち、募集による移住数は十五万人（厚生省統計）だ。

送り出し側の総督府の統計ではこの時期の募集による渡航数は十七万人とされているので、受け入れ側の厚生省統計十五万人との差が二万人もある。そのかなりの部分は、不正渡航の手段として募集に加わり、内地到着後に逃げた者たちと思われる。

残り四十四万人が動員計画の外で個別に内地に渡航したことになる。つまり、動員数の三倍の労働者が職を求めて個別に内地に渡航したのだ。その中には正規の渡航証明を持たない不正渡航者も多数含まれていた。計画の外で勝手に日本に渡航した労働者が、動員計画で渡航した者の三倍もいたのだから、秩序ある労働者の渡航を目指した動員はほぼ失敗したと言えよう。

一方、この期間の動員計画数は二十五万人で実際には十五万人の渡航者だから達成率は六〇%、計画達成にはあと十万人必要だった。個別渡航は四十四万人いたが、募集による動員計画は十万人も未達成だった。このミスマッチングからも動員計画の失敗が分かる。その理由は、多くの朝鮮人労働者の大部分は農民出身であり、規律が厳格で地下での作業となる炭鉱や鉱山を嫌ったのだ。後述の通り、当時、内地には朝鮮人の親方が仕切る日雇いの建設現場が多数あったから、内地にわたりさえすれば仕事はすぐみつかった。そちらの方が収入もよかったのだ。

動員の後期にあたる一九四二年から終戦までは、動員計画の外での個別渡航はほぼ姿を消した。戦時動員以外の職場に巨大な労働力が勝手に流れ込む状況を変えて、軍需産業に秩序だって動員しようと一九四二年二月から、総督府の行政機関が前面に出る「官斡旋」が開始されたからだ。

炭鉱や鉱山に加えて土建業、軍需工場などの事業主が総督府に必要な人員を申請し、総督府が「道（日本の都道府県に相当）」に、「道」はその下の行政単位である「郡」「面」に割り当てを決めて動員を行った。一部ではかなり乱暴なやり方もあったようだが、その乱暴さとは、基本的には渡航したくない者を無理に連れてくるというケースよりは、個別渡航などで自分の行きたい職場を目指そうとしていた出稼ぎ労働者を、本人が行きたくなかった炭鉱などに送り込んだというケースが多かったのではないかと私は推測している。

その結果、一九四二年から一九四五年終戦までを見ると、動員計画達成率は八〇％まで上がった。また、同時期の内地朝鮮人人口の増加は五十三万七千人だったが、戦時動員数（厚生省統計）はその九八％におよぶ五十二万人だった。この間の自然増の統計は不明だが、これまでの実績からすると年間三万人以上にはなっていたはずで、その分、戦時動員以外の渡航者が戦火を避けて朝鮮に帰ったのだと考えられる。

この数字だけ見るとこの時期は計画動員が成功したかのように見える。たしかに動員における統制がかなり厳しく機能していた。しかし、実は計画通りには進んでいなかった。動員計画の外で、勝手に渡航する者はほぼいなくなったが、官斡旋で就労した者の多くが契約期間中に逃走していたからだ。一九四五年三月基準で動員労働者のうち逃亡者が三七％、二十二万人ものぼっている。

この事実をもって、反日学者らは、労働現場が余りにも過酷だったからだと説明してきた。しかし、当時の史料を読み込むと、逃亡した労働者は朝鮮には帰らず、朝鮮人の親方の下で工事現場等の日雇い労働者になっていたことがわかる。なんとそのような逃亡労働者を「自由労働者」と呼んでいた。また、二年間の契約が終了した労働者の多くが帰国もせず、動員現場での再契約をも拒否してそのまま日本内地に居座り「自由労働者」となっていたのだ。

官斡旋では逃亡を防ぐため、集められた労働者を五十人から二百人の隊に編制し、隊長その他の幹部を労働者の中から選び、団体で内地に渡航した。隊編制は炭鉱などに就労してからも維持され、各種の訓練も行われた。

しかし、実情は、人気が低かった炭鉱の場合、内地に着いたらすぐに隙を見て逃亡しようと考えている者が六〇%もいたという調査結果さえ残っている（『炭鉱における半島人の労務者』労働科学研究所、一九四三年）。

一九四四年九月、戦局が悪化し空襲の危険がある内地への渡航希望者が減るなか、朝鮮では軍属に限り、一九四一年から適用されていた徴用令が全面的に発令された。また、すでに内地に渡航し動員現場にいた労働者らにもその場で徴用令がかけられ、逃亡を防ごうとした。しかし、先述の通り、終戦の際、動員現場にいた者は動員数の約半分以下の三十二万人（厚生省統計）だった。法的強制力を持つ徴用令も内地に着いてからの逃亡防止には効果を上げられなかったのだ。

つまり、官斡旋と徴用によるかなり強制力のある動員が実施されたこの時期でさえ、渡航後四割が逃亡したため、出稼ぎ労働者を炭鉱などに送り込もうとした動員計画はうまく進まなかった。

以上の内容を簡潔にまとめるとこうなる。

一.国家総動員法にもとづき立てられた「朝鮮人内地移送計画」は、ほっておいても巨大な人の流れが朝鮮から内地に向かうという状況の中、戦争遂行に必要な産業に朝鮮人労働力を効率よく移送しようとする政策だった。

二.しかし、その前期、一九三九年から四一年までの募集の時期は、動員者が十五万、動員計画外の個別渡航者は約三倍の四十四万人で、計画はほぼ失敗した。

三.後期、四二年から四五年までの官斡旋と徴用の時期は、個別渡航者はほとんどなくなったが、約四割が動員現場から逃亡して自由労働者になって、動員計画の外の職場で働いていたので、やはり計画は順調には進まなかった。

四.平和な農村からいやがる青年を無理やり連れて行って、奴隷のように酷使したという「強制連行」イメージは一九七〇年代以降、まず日本で作られ、それが韓国にも広がったもので、以上のように実態とは大きくかけ離れていた。

次に、動員された人たちの実際の生活について述べよう。手元に二つの徴用工の手記がある。一つ目は、前述した一九四四年十二月広島市の東洋工業に徴用された鄭忠海氏が、当時つけていた日記をもとに一九七〇年に私家版としてまとめたものだ。これが一九九〇年、井上春子氏の訳で『朝鮮人徴用工の手記』（河合出版）として日本で出版された。

もう一つは一九四五年三月、大阪府南河内郡長野町（現在の河内長野市）の吉年可鏻鋳鉄工場に徴用された金山正捐氏（日本名）が、同年七月に逃亡し東京の飯場で「自由労働者」として働き、九月に再び長野町に戻り警察の取り調べを受け、そこで書いた手記だ。それは四五年九月十八日付けで長野町警察署長から大阪府警察局長・治安部長・特高第二課長宛に出された「逃亡セル集団移入半島徴用工員ノ諸行動ニ関スル件」と題する公文書の中にあり、朴慶植編『在日朝鮮人関係資料集成第五巻』（三一書房、一九七六年）に収録されている。

まず、鄭忠海氏の手記から徴用者の生活を見よう。住居は新築の寄宿舎、新品の寝具が備えられていた。

〈海岸に新しい木造二階建ての建物があった。そこがこれから我々が寝起きする寄宿舎で、朝鮮応徴士たちを迎えるために新しく建てられた第二寄宿舎だという。新しい建物なので少し安心する。

割り当てられた部屋に入った我々は、先ず旅装を解いた。私は二階の部屋であった。室内を見回すと〝たたみ（畳）〟二十枚を敷いた広い部屋に、新しく作った絹のような清潔な寝具が十人分、きちんと整頓されてあり、片方には布団と私物を入れるのだろう、押し入れが上下二段になっている〉

食生活もかなり好待遇だった。

〈明るい食堂には、大きい食卓が並んでいた。新しく作られたものらしい。食堂のホールの前の厨房では年ごろの娘さんたちが、白いエプロンをつけて食事の準備に忙しそうだ。

食卓の前に座っていると、やがて各自の前に食事が配られた。飯とおかずの二つの器だ。飯とおかずは思いのほか十分で、口に合うものだった。（略）

飯は大豆が混ざった米の飯で、おかずは筍と肉の煮物で、口に合っていて食べられた（あとで分かったことだが、肉は馬の肉だという）。戦時中日本では、馬の肉を喜んで食べたという。食事の分量も私には適当だった〉

鄭氏たちは月給百四十円という高給であり、食堂の食事以外にかなりの食糧を近隣から入手し大変豊かな食生活を送っていた。

〈みんなが集まって生活をしてみると、いろいろな人がいる。ある人は〝みかん〟や〝ネーブル〟を、またある人は〝なまこ〟や〝あわび〟など、さらに酒まで求めて来て夕食後に宴会を開く。（略）

ソウルではみかんのようなものは、わずかな配給のほかには求めることさえできない。そんな貴重なみかんが、ここではみかん畠に行けばいくらでも買うことができる。下痢をするほど思い切り食べてみたいものだと言い合った。それに「寄宿舎のあった」向洋と川一つ隔てた淵崎は、漁村で牡蠣の名産地だという。（略）時々食堂で出してくれる牡蠣が入った飯（牡蠣飯）は本当に珍味だった。

干潮になると、食堂の後ろの浜辺ではなまこや浅蜊《あさり》（貝）をたくさんとることができた。人手が足りなくて取らないのか、なまこや貝がそこらじゅうに散らばっている。日課後にそんなものを採るのも面白かったが、それを煮たり焼いたりして酒盛りをす

るのは格別だった〉

また、賭けごとも盛んだった。

〈多くの人が集まるところでかかせないのが、賭けごとだ、こちらの隅、あちらの隅で、花札や六百やソッタがやられる。一カ月、二カ月にあたる給料を、みんなすったとこぼす者も少なくなかった〉

工場での勤務も厳しいノルマなどなく女子挺身隊として動員された日本人女工さんらと楽しく過ごしていた。鄭氏は九九式小銃の部品を作る工場に配属された。

〈一月十五日、（略）工場に入ると先に出勤している女工たちが、走ってきて挨拶をする。たいへん親切に接してくれるのだった。中でも私を教えてくれる技工格の村上さんは、気持ちよく接してくれた。仕方なく工場に出勤して来たのだが、それほど気分は悪くなかった。（略）

付属品を削って、ゲージに合わせてみると、十中八、九は不合格品だ。しかし、村上さんは一生懸命教えてくれる。彼女の顔にはいつも微笑がたえない。（略）二週間が過ぎると、工場生活に多少慣れて能率もあがり、面白くなってきた。さらに我々は女工の間で作業するので、退屈することはなかった〉

〈四月二十日、（略）工場で働く男たちは武器生産には心がなく、女性たちとの恋だ愛だということにばかり心をうばわれているようで、工場内の風紀は言葉にならないほどだった。どの工場だったか、プレスを操作していた白某という者が、作業中女性とおしゃべりをしていて、自分の親指をばっさり切り落としたことがあった〉

鄭氏は第二寄宿舎の職員である日本人戦争未亡人から熱烈に慕われ愛人関係になる。二十代前半の岡田さんである。

〈彼女の家は寄宿舎の前の社宅であった。家の中には誰もいなかった。（略）「遅くなったけれどもお上がりください」と私を居間に案内した。上がると彼女は風呂を勧める。

面倒だとは思ったが入浴していると、彼女が来て背中を流してくれた。これが日本式らしい。風呂から上がると、日本の浴衣に着替えろとすすめる。居間には、いつのまにか食事の用意ができていた。（略）

夏の夜は短い。明け方五時になった。彼女は私を起こして「早く寄宿舎にお帰りなさい」とせかす。宿舎に帰ると、小隊長たちが広い部屋で寝入っていた。戸を開ける音で目を覚ました第三小隊長の柳光勲が目をあけて、「何処へ行ってきたのか」、「今帰ってきたのか」と聞く。私は曖昧な返事をして布団にもぐりこんだ。彼はそれ以上咎めなかった。起床時間にはまだ時間があり、私は布団に入るやいなや直ぐに眠ってしまった〉

徴用された労働者が夜、自由に寄宿舎を抜け出し逢い引きすることができた。その気になればいつでも逃亡して「自由労働者」になれたということだ。工場側が当時としては破格の待遇をしたのは、そうしないと徴用工でもより条件の良いところに引き抜かれてしまうという現実があったからだろう。

その後、鄭氏は岡田さんの働きかけのお陰で、工場から事務所に勤務場所が変わった。そのため、原爆投下の日、市内での勤労動員に出ず、命拾いをした。

次に、実際に徴用された大阪府の工場から逃亡して東京まで行って朝鮮人親方の下で日雇いの「自由労働者」になった金山正捐氏の手記を見よう。

逃亡の動機は同じ徴用工である隊長との殴り合いのケンカだった。

〈私は朝鮮でも可成の裕福な家庭に生立ちましたので最初の内は逃出すといふ気持ちは毫もありませんでしたが、漸次故郷懐かしく加之毎日集団の隊長神農大律と口論し果ては喧嘩の末殴り合も五六回に及び、それに隊長の方には良かれ悪かれ会社の幹部も応援するので居堪らなくなり（略）私と崔安石とが逃げることに決心して申合せて、二人で［一九四五年］七月二十八日昼飯後寮を脱けて大鉄長野駅より阿倍野橋に出た処空襲に逢ひ城東線京橋で下車し京阪電車で夕方京都に着きました。

私は所持金が二百五十円程ありましたので宿屋に泊り食事なしで部屋代十二円を支払ひました〉［原文カタカナをひらがなに直す。以下同］

一九四五年三月、大阪府南河内郡長野町の吉年可鏻鋳鉄工場は、金山氏を含む四十一人の朝鮮人徴用工を受け入れているが、八月十五日までの五カ月で三七％にあたる十五人が逃走している。先に統計から見たようにこの時期の逃走率平均が三七％だから、まさに平均的な数字だったが、その気になればいつでも逃げられたのだ。

同工場での金山氏の月給がいくらかは手記には触れられていないが、約五カ月働いた後の逃走時に二百五十円の現金を持っていたのだから、鄭氏の月給百四十円と遜色がない額をもらっていたと推定できる。

京都駅で東京への切符を買う時に多少てこずった。鉄道員に証明書の提示を求められたが、頼み込んで七十円の闇切符を二枚買うことができ、七月二十九日に京都駅を出発し、名古屋から中央線経由で三十一日午後二時に立川駅で下車した。立川で下車したのはあらかじめそのあたりに朝鮮人の親方が仕切る飯場があることを聞いていたのかもしれない。駅を下りて直ぐ朝鮮人に会って飯場を紹介してもらった。

〈改札口を出ると一人の朝鮮人に逢ったので此辺に飯場はないかと尋ねると其人は全南海南郡の生れで金海という人で（略）西多摩郡の小河内村の飯場へ行けと教えてく

れた。
其飯場へ行くと親方は慶南生れの新井といふ人であつたが、この人には、私達は罹災者で空襲を逃げて来ました宜敷頼むと云つた処心から引受けてくれたのみでなく、直ぐに夕食を戴いた。（略）
飯を食うと煙草「光」五個宛呉れたが、その飯場は皆で八名で翌八月一日は疲れていたので飯場を休んでいる処へ昼頃、新井の親方が濁酒をもつて来て呉れて幾何でも飲めと云つて呉れましたので有難くてたまらず飲みました〉
すぐに飯場が見つかり日給十五円で雇われる。夕食、煙草、酒の接待まで受けたことから、いかに労働者が不足していたかはよく分かる。
飯場での作業もきつくなかった。
〈八月二日現場へ出かけた処其途中で現場の一人がお前たち二人はこつちへ来いといふて山の奥へと連れて行かれた、そこに大きな横穴が掘つてあり、その近くに板が沢山あつたので、それを下迄運搬せよと云われ十一時頃迄に運び終つて、川へ行つて水浴して帰つて午後は遊びましたが、これだけの仕事をして一日十五円の給料を貰ひました。
八月三日飯場より一里位離れた現場へ又行つたが大きなトンネルがあつて陸軍の歩哨が立つて居た、そんなトンネルを四つ潜つた処に同じくトンネルの中で飛行機を製作して居り、其処でも運搬を少し手伝つて十五円になりました〉

朝から昼の十一時までの半日仕事で十五円もらえた。翌四日はまた、仕事を休み、東京見物に出かける。自由なものだ。そして横浜から府中近くに行き、高幡山で別の朝鮮人親方の飯場を見つけるとそちらに移ってしまう。仕事は防空壕堀りだった。日給二十円に待遇が上がる。

〈この飯場は半島人労働者が三百人位しかいませんでしたが幽霊人口千五百人位を慥《ママ》らえておりそれで配給も大変豊かで腹一杯食わして呉れましたが食事は豆計りで米は殆どありませんでした、それは配給の米を皆横流しにして金を儲けている訳で其処の半島炊事係は二カ月で十万円も儲けるとの事を聞き驚きました。

この外に五日に一回位平均で牛を密殺しますがこの牛は一頭二千五百円で買つてその肉を飯場の者に売りつけ金のないものは食べないがよい給料を貰つているので金はあり闇でどんどん買うので一頭でうんと儲けるとの事で皮だけでも一千円で売れるとのことでした〉

一九四五年八月終戦の直前に、前の飯場には濁り酒があり、別の飯場では五日に一回牛を密殺して食べていた。

文字通り命がけで総力戦を戦っていた日本人に比べて、いくら内鮮一体化を強調しても、多くの朝鮮人にとってあの戦争はしょせん他人事だったのだろう。だからこそ、戦時動員計画はうまくいかなかったのだ。

ここで引用した二つの手記は一九八〇年代末頃から日本人によって火をつけられ始まった戦後補償を求める運動が韓国で本格化するずっと以前に書かれたものであるという点で、史料的価値が高い。

ともあれ、当時を知る世代から事実を聞く作業はここ数年で完全にできなくなるだろう。まず、事実関係をきちんと研究整理し外交戦に備えなければ、今後も負け戦が続く。一九五〇年代に森田芳夫先生が政府内で取り組んだように、戦時動員の全体像をきちんと研究し、また基礎資料を収集する作業に政府が取り組むことが求められている。

二〇一七年八月にはソウルと仁川に「徴用工像」が設置された。日本大使館や総領事館前への設置計画も報じられている。この問題、腰をすえて取り組まないと、取り返しの付かない外交敗北が今後も続くだろう。強く警告したい。

第二章　スターリンを真似て夢見る文在寅

文在寅とは何者か

本章では文在寅がどのような歴史観の持主で、どんな政治的見解を主張しているのかを詳細に報告し、韓国がなぜここまでおかしくなってしまったのかを検証したい。

文在寅は二〇一七年一月、大統領選挙に向けて『大韓民国が尋ねる、完全に新しい国、文在寅が答える』という単行本を出版した。同書は発売後、ベストセラーとなって書店でしばし山積みにされた。三百六十頁の厚い本だが、書き下ろしではなく、文在寅の支持者である作家の質問に文が答える形式だ。まず、同書をもとに、文在寅の思想・信条を読み解いていこう。

文在寅は一九五三年韓国の南西に位置する慶尚南道巨済で生まれた。父は北朝鮮の咸鏡南道出身で日本統治時代に咸興農業高校を出て興南市役所で地方公務員生活をしていた。朝鮮戦争中の一九五〇年十二月、米軍の興南撤収作戦で韓国に避難した。中共軍の介入で、撤退する米海軍は興南港に集まっていた避難民約十万人を百九十三隻の軍艦に乗せて韓国に脱出させた。米軍は軍艦に積んでいた武器、弾薬、車両などを放棄して乗せられる限りの避難民を乗せるという人道的作戦を行った。その避難民に中に文在寅の父と母も含まれていた。文の両親は巨済島に作られた避難民収容施設に入り、そこで文が生まれた。

彼は著書の中で、自分は共産主義から逃げて来た家族の息子だから従北だという批判はあたらないと主張している。しかし、北朝鮮に肉親を持つ者たちに対して、その肉親を人質に使って北朝鮮が工作を仕掛けることはよくあることだ。

たとえば、在日朝鮮人であった企業人の多くが、北朝鮮に工場などを建てたのもそのような工作の結果であり、現代財閥と大宇財閥が多額の対北投資を行った背景にもオーナーの肉親が北朝鮮にいた事情があった。現代の初代会長・鄭周永《チョンジュヨン》は、北朝鮮出身で肉親の多くが北朝鮮に住む。また、大宇の初代会長・金宇中《キムウジュン》は朝鮮戦争中に父と兄が拉致されており、北朝鮮が人質となっている兄を使って工作した疑いを持たれている。

文の場合も、父の兄弟はみな避難してきたが、母の兄弟は避難せず北朝鮮に残っている。二〇〇四年、盧武鉉政権下で市民社会首席秘書官だった文は、北朝鮮金剛山で実施された離散家族面会に母と共に参加し、叔母（母の妹）と面会した。この面会はさまざまな点で釈然とせず、北朝鮮と盧武鉉政権が秘密協議をしたのではないかと疑われている。

柳浩烈・高麗大学北韓学科教授（当時）は、「もし、北朝鮮側が文首席を大統領の最側近の実力者だと考えて叔母を探し出して、面会を斡旋したとしたらこれは対南工作だ。南側が先に文首席の家族を探してくれと、北側に非公式に要請したのなら大変なことで特恵だと言わざるをえない。北側の叔母は韓国避難後に生まれた文首席の顔も知らないのに、どうして面会申請名簿に文首席の名前が入ったのか疑わしい」と主張していた。

韓国政府は、離散家族面会申請者の中で高齢者を優先するという原則を決めている。趙甲済ドットコムの金泌材記者によると、文は申請書に自身の年齢を実際よりも二十三歳も上の七十四歳と虚偽記入していたという。

文の家族は避難民収容所を出て釜山に移るが、父が商売に失敗し、文一家は極貧生活を送る。だが、文は勉強がよくできて当時の釜山の名門校だった慶南中学・高校を卒業し、一浪した後、一九七二年特待生として慶熙大学に入学した。七四年から朴正熙政権に反対する学生運動に加わり、七五年四月逮捕され、六月に懲役八カ月執行猶予一年の判決を受けた。

大学を除籍となったため在学中の兵役猶予がなくなり、同年八月軍に入隊し特殊部隊である特戦司令部第一空挺部隊特戦旅団に配属される。彼は著書の中などで特戦司令部出身の自分が従北であるはずがないと主張しているが、配属は文が望んだ通りになったものではない。

七八年に除隊した後、司法試験の準備をし、一度失敗した後、八〇年に合格する。同年、朴正熙大統領暗殺後のいわゆる「ソウルの春」で復学が認められて、慶熙大学を卒業した。同年五月、全斗煥将軍らが権力を握ると予備拘束で拘束され、司法試験の合格通知は留置場で受け取り、慶熙大学総長の身元保証により釈放された。

司法修習後、釜山で盧武鉉といっしょに弁護士事務所を開き、労働争議や学生運動などの弁護に当たった。釜山米国文化院放火事件（一九八二年、釜山地域の大学生らが全斗煥軍部ファッショ政権を支える米国との戦いを宣言して、そのシンボルとして米国文化院に放火し、図書館で勉強していた韓国人大学生一名が死亡、三人が重軽傷を負った。それまでタブーだった反米運動がこの事件が契機となり活発化した）、東義大学事件（一九八九年、東義大学生が学内で機動隊員を拘束して暴行し、救出に来た警官隊七人に火炎瓶を投げて死亡させた事件）など過激な学生運動の弁護活動を担当した。後述の通り、八〇年代に入り韓国学生運動は急激に親北反米化する。少し上の世代の文は、八〇年代に弁護士として過激な活動家の弁護をする中で、その左翼思想を身につけていったのではないかと思われる。

親日派を「清算」すると明言

二〇〇二年、文は、盧武鉉の大統領選挙にあたり釜山地域の選挙運動の責任者となり、二〇〇三年盧武鉉政権成立後は、大統領首席秘書官、秘書室長として盧武鉉政権の反米親北政策を支えた。退任後、盧武鉉が不正疑惑で捜査を受け自殺すると葬儀委員長にもなった。その後、野党の国会議員となり、二〇一二年、大統領選挙に出馬して朴槿恵候補と激しく争い、四八%の得票を得たものの惜敗した。

以上の略歴から分かるのは、文が学生時代はそれほど過激な活動家ではなかったものの、弁護士になった一九八〇年代以降に従北左派となっていったと思われることだ。七〇年代の韓国の学生運動では親北反米はタブーだった。大多数は反共自由民主主義という枠組みの中で、朴正熙政権の民主主義制限を批判していた代物だった。学生運動に親北反米が急激に拡散するのは八〇年代からだ。

一方、北朝鮮は一九七〇年代まで対南工作において共産主義体制の優位性宣伝を中心においていた。一九六〇年代までは経済開発で韓国は大きく落後し、北朝鮮が優位に立っていたからその宣伝は一定の説得力を持っていた。

ところが、朴正熙政権時代に高度経済成長に成功した結果、南北の経済力は七〇年代はじめに逆転し、八〇年代になると大きな差がついた。そこで北朝鮮は共産主義理論の代わりに左傾民族主義を工作の中心にすえるようになる。そこで使われたのが反韓自虐史観である。私は機会あるごとに繰り返し紹介しているが、その歴史観を李榮薫ソウル大教授は以下のように要約している。

〈日本の植民地時代に民族の解放のために犠牲になった独立運動家たちが建国の主体になることができず、あろうことか、日本と結託して私腹を肥やした親日勢力がアメリカと結託し国をたてたせいで、民族の正気がかすんだのだ。民族の分断も親日勢力のせいだ。解放後、行き場のない親日勢力がアメリカにすり寄り、民族の分断を煽ったというのです。そのような反民族主義的な勢力を代表する政治家こそ、初代大統領の李承晩であるというのです。例えば、李承晩は親日勢力を断罪するために組織された反民族行為特別調査委員会（一九四八～四九）の活動を強制的に中断させました。そうやって生き残った親日勢力が主体となって国家建設を行ったのだから、そんな国がうまくいくわけがない。今日までの六十年間の政治が混乱を極め、社会と経済が腐敗したのもすべてそのせいである〉（『大韓民国の物語』文藝春秋）

この歴史観に立つから、抗日武装闘争をした金日成が民族の英雄となり、朴槿恵前大統領の父親、朴正熙大統領は日本軍人出身だとして「親日勢力」の代表として非難されるのだ。北朝鮮は韓国を「植民地半封建社会」と規定し、まず米国帝国主義とそれに寄生する親日派勢力を打倒し、地主を追い出して農民を解放し、その後、社会主義革命を行うという二段階革命論をとってきた。まさにこの歴史観と同じ立場だ。

この歴史観が急速に広まったのは、七九年から八九年にかけてシリーズで刊行された『解放前後史の認識』という六巻の本の影響が大きい。合わせて百万部近く売れたというこの本は八〇年代九〇年代大学に通ったほぼ全ての大学生が読んだと言われている。盧武鉉も文といっしょに弁護士事務所を開いた八〇年代、この本を読み、雷に遭ったような衝撃を受けたという。文も同じ経験をしたはずだ。

文は、著書で繰り返し「自分が政権をとったら親日派を清算する。韓国の主流勢力を交代させる」と書いている。まさに反韓自虐史観そのままの主張だ。その部分を拙訳で引用しよう。

〈光復［日本統治からの解放を意味する、西岡補以下同］以後、親日清算がきちんとできなかったことが今まで続いています。親日派は独裁と官治経済、政経癒着に引き継がれたので親日清算、歴史交代が必ずなければなりません。歴史を失えばその根を失うことと違うことはありません。必ずしなければならない歴史的運命です〉（六四頁）

〈国家のために献身すれば補償を受け、国家反逆者であればいつでも審判を受ける国家の正直さが回復されなければなりません。誠実に努力すれば良い暮らしが出来る、このような常識が基礎となる国を作らなければなりません。私たちはそれが出来る機会を二回ほど逃したと思います。一回は解放の時でした。解放の時、親日の歴史がしっかりと清算され、独立運動をした人と遺族たちにしっかりと補償してその精神を称えてはじめて社会正義が正しく立つのでした。

親日勢力が解放後にも依然として権力を握り、独裁勢力と安保を口実にしたニセ保守勢力は民主化以後も私たちの社会を支配し続け、その時その時化粧だけを変えたのです。親日から反共に、または産業化勢力に、地域主義を利用して保守という名に、これが本当に偽善的な虚偽勢力です。

もう一回の機会を逃したのは一九八七年六月抗争［大規模な街頭デモにより大統領直選制が実現］の時でした。それ以後、すぐに民主政府が樹立していればその時までの独裁やそれに追随した集団をしっかりと審判して軍部政権に抵抗して民主化のために努力した人々に名誉回復や補償をしたはずであり、常識的で健康な国になっていたはずです。しかし、盧泰愚政権ができて機会をまた逃したのです。私が前回の大統領選挙で国民成長ビジョンを提示して腐敗大掃除という表現を使ったではないですか。腐敗大掃除をしてその次に経済交代、世代交代、過去の古い秩序や体制、勢力に対する歴史交代をしなければならないのです。そのためには法的、制度的に根本的なシステムを備えなければなりません〔傍線西岡、以下同〕〉（六八頁）

法と制度を作って政治だけでなく経済においても、それ以外の領域でも古い世代を全部追いだし、過去の秩序と体制を交代させるというのだ。恐ろしい革命思想だ。ロシア革命をやったあとのレーニンやスターリンの思想そのものだ。さすがに彼らのように「処刑」を意味する「粛清」「清算」は行えないだろうが……。それだと抵抗があるから「大掃除」などの抽象的表現を使っていると率直に告白している。

〈一番強く言いたいことは、わが国の政治の主流勢力を交代させなければならないという歴史の当為性だ。そのように語りたいのだが、それは国民が心情的にもっとも望んでいるとしても少し嫌がる部分でしょう。だから、大清算、大改造、世代交代、歴史交代、そのような表現を使っています。既存のわが国の政治主流勢力が作ってきた旧体制、古い体制、古い秩序、古い政治文化、このようなものに対する大清算、そしてその後に新しい民主体制への交代が必要だと考えます〉（一一九頁）

そして恐ろしいのは、文がこの主張は「歴史の当為」「正義」であると無条件に断定していることだ。自分の主張が一〇〇％正しくて政敵は一〇〇％悪だと断定する全体主義的、非民主的な思考方式だ。政治家ではなく革命家の語り口だ。

〈私は基本的には正義や民主主義価値が正しく立てられる世の中にならなければならないと思います。それがうまくいかない理由は、私たちが彼らに一度もしっかりと責任を負わせたことがなかったのです。日帝強占期の親日派は解放後に彼らの親日行為に対する確実な審判を受けなければなりませんでした。ところが、そうでなくて解放以後にも独裁勢力にくっついてまた権力を握り良い暮らしを維持したではありませんか。民主化になったのならば独裁時代に享受した部分について代価を払わなければならないのに、依然として今日までの良い暮らしをしています。正義に対する私たちの社会の価値基準が無くなったのです〉（一六五～一六六頁）

盧武鉉政権時代、文のいうところの既得権勢力を清算するため「真実と和解委員会」が作られ、過去の親日行為、独裁行為などを裁こうとした。驚いたことに文は著書で同委員会が南アフリカのマンデラ大統領をモデルにしたと書いている。そして、南アフリカでは差別政策に加担した者が真実を告白したが、韓国の親日派、独裁勢力、既得権勢力の大部分は真実の告白をしなかったとして、南アフリカの旧白人政権よりも韓国の既得権勢力の方が不道徳で正義に反すると断じる。しかし、韓国でアパルトヘイトのような制度的な差別や虐殺は存在しなかった。これは大多数の韓国研究者、南アフリカ研究者が認める事実だ。その部分も引用しよう。

〈南アフリカでは拷問や虐殺や人権犯罪について公訴時効がありません。（略）そのような問題が発見されれば処罰が原則だが、彼らは真実を告白すれば免責されました。

しかし、わが国では加害者が最後まで自分の過誤を認めず自分の行為を否定しました〉（二三七頁）

文が政権の座についたら日本統治時代に日本に協力した人間とその子孫、李承晩、朴正熙、全斗煥、盧泰愚政権時代、また、李明博、朴槿恵政権時代に、政権に加わったか協力した人間、それだけでなく、その時代に政治、経済、文化など全ての分野で活躍した人間を法的、制度的に裁き、良い暮らしを出来なくすると宣言しているとも読める。これは本当に恐ろしい革命家の語り口だ。

北朝鮮の人権侵害は批判せずサードミサイル配備には反対

そして、もう一つ文の著書の恐るべき特徴は、北朝鮮の世襲独裁体制とその下での人権侵害に対する批判がまったく存在しないということだ。李承晩や朴正熙が自由民主主義の一部を制限したことは事実だが、それは北朝鮮独裁政権の脅威から韓国の体制を守るための緊急避難的な側面が強いものだった。つまり、韓国の反共自由民主主義体制を守るためのものだった。

ところが、韓国の現代史を既得権勢力の不正義だと断定し、その革命的清算を繰り返し主張する文の三百六十頁にのぼる分厚い著書の中で、北朝鮮人権問題に触れたのは一カ所だけだ。それも、対談相手が文への質問の中で、既得権勢力による金大中、盧武鉉政権への不当な批判の例として言及しているだけで、文自身は本一冊分の長饒舌の中で「北朝鮮人権問題」という単語を一回も口にしていない。その部分を紹介する。

〈――金大中・盧武鉉政府が北朝鮮にカネをむやみに与えて北朝鮮の核開発に利用させたというような批判がありました。それによって北朝鮮の人権問題に取り組まなかったという批判も少なくなかったですね。

文在寅 そのようなやりかたで世論攻勢をしてきましたね。しかし、いまや過去十年間の政権［李明博・朴槿恵政権］が経済はもち論、安保でも本当に無能だったことが多くの国民に知られるようになりました。少なくとも二十代から四十代までの世代はそのような主張を信じません。一部高年齢層の方がそのようなことを信じているが、そのような部分もだいぶ緩和されました。アカ狩りのようなものはもはや通用しないこ

とが分かります。いまや国民はそのような考え方にとらわれてはいません〉（一九四頁）

ここまで見たように文は執拗に韓国の既得権勢力を批判し、大掃除、交代を主張してきた。しかし、北朝鮮の金一家三代世襲の独裁政権くらい、すさまじい「既得権」はないはずだが、それへの批判はまったくない。彼の視野から独裁政権に苦しめられている北朝鮮住民は完全に抜け落ちている。独裁は南にしかないと思い込んでいる。

深刻なのは、ここで文が語っているように、北朝鮮の人権問題に取り組まなかったという保守派からの正当な批判を、韓国の四十代以下の世代の多くは無視していることだ。彼らはみな、学校とマスコミから親北自虐史観を注入され、その呪縛から抜け出せないでいる。歴史認識を間違うと国家の根本が揺らぐという恐ろしい現実を、私はここに見る。

文は北朝鮮人権問題を無視しているだけでなく過去にその解決を阻害する行動をとった。盧武鉉政権末期、国連の北朝鮮人権決議案の採決前に北朝鮮に意見を求め、それにしたがって前年に賛成していた同決議採決を棄権させたのだ。

当時外交通商部長官だった宋旻淳《ソンミンスン》の回顧録（『氷河は動く』二〇一六年）によると、政権内で決議に賛成するか棄権するか対立が起き、大統領秘書室長だった文在寅が、二〇〇七年十一月十六日に行われた会議で、南北秘密ルートで北朝鮮の意向を聞くという結論を出したという。外交政策について、それも北朝鮮人権問題で事前に北朝鮮に問い合わせをしたということで、文在寅は世論の批判を浴びたが、回顧録が出た直後に朴槿惠と崔順実のスキャンダルが浮上し、文への批判はあいまいなまま終わってしまった。

北朝鮮人権問題を語らないだけでなく文は北朝鮮労働者を低賃金で韓国企業が搾取《さくしゅ》することを対北政策の基礎にすえている。その部分を引用する。

〈私たちが資本力や技術力で優位に立って低廉で質の良い北朝鮮の労働力を結合させるので、当然北朝鮮が得る利益より私たちが大幅に多くの利益を得ます。開城工団だけでも北朝鮮の労働者が賃金を通じて得ている利益より、私たちが十倍以上の利得を得ています〉(一九一頁)

北朝鮮住民の人権を考えるのであれば、資本家が労働者に比べて十倍以上も利益を得る構造は搾取の極みであり、労働分配率を増やすことを考えるべきところだ。実は開城工団で操業する企業は赤字経営が多い。ただ赤字分を韓国政府が補塡《ほてん》する仕組みがあるので、なんとか操業を続けていたのだ。そもそも、十倍の利得という主張自体が虚偽なのだ。また、北朝鮮労働者はドルで払われる自分の賃金を受け取ることが出来ず、北朝鮮当局が大部分を横取りしその残余分を北朝鮮通貨で受け取っている。「公正な分配」「同一労働同一賃金」を強調して財閥など経済における既得権勢力の交代を叫ぶ文だが、この矛盾には一切触れない。彼は北朝鮮当局による賃金横取りを一切問題にしない。彼が人権を保護しようとする対象に北朝鮮住民は入っていないのだ。

韓国の憲法では半島全体を韓国の国土とし、そこにすむ全住民を韓国国民と定めている。本来、韓国の大統領になれば、北朝鮮住民までも自国民として保護する責任があるのだ。ところが文は「北朝鮮の存在を認めるべきだということが基本的な考えですか」という対談者の質問に対して「当然です」と断言している（一九〇頁）。

また、文は統一へ至る道はまず経済統一で、その後、「いつになるか分からないが政治・軍事的統一の道が自然に開けるだろう」（一八三頁）と語る。また、「統一は結局資本主義体制での統一になるだろう」（二九頁）とも言っている。しかし、これらは有権者を欺く虚偽だ。なぜなら、彼は過去に金大中が金正日と合意した「低い段階の連邦制統一」を実現させると公言しているからだ。

前回の大統領選挙の四カ月前である二〇一二年八月、文は金大中死去三周年行事に出席して「低い段階の連邦制程度は次の政権で政権交代を実現させて必ず成し遂げる」と語った。その発言に対して保守派から憲法違反だという激しい批判を受けたが、文は現在に至るまで取り消していない。それが本音だろう。

彼は選挙中には、大統領に当選したらワシントンでなく平壌を先に訪問すると語っていたが、さすがにそれは実行しなかった。あとで述べるように、まずは訪米しトランプ大統領と会談をした。そのことを北朝鮮は悪しざまに非難した。しかし、今後も北朝鮮核問題解決の交渉のため平壌に行くと言いかねない。水面下で、金正恩と接触しつつ連邦制統一の議論を進める危険性は高い。連邦制が実現すれば、在韓米軍は存在価値がなくなり韓米同盟は解消されるだろう。その結果、三十八度線が対馬と釜山の間まで下りてくるというわが国にとって最悪のシナリオもあり得る。

また、著書で、文は米軍が韓国に配備した弾道ミサイル迎撃用のサードミサイルについて、導入の手続きに問題が多かったから、自分が政権をとったら再検討すると明言していたが、就任以降、北の相次ぐミサイル発射もあって、サードはついに配備されることになった。

さらに、そのほか、日韓慰安婦合意は無効、日韓軍事情報保護協定（ＧＳＯＭＩＡ）は再検討するとしていたし、また、韓米連合司令部解体を実現し、徴兵期間を十二カ月に短縮し、最低賃金水準の給与を徴兵に応じた兵士らに支払うとしている。これらすべては韓米同盟と韓国軍の弱体化につながり、北朝鮮を利するものばかりだが、幸か不幸か、現実の北朝鮮の脅威の高まりに、さすがの韓国民もこういう政策の遂行を支持する状況にはないが、北朝鮮側のアメとムチの使い分けによって、この文のホンネが実行されないとは限るまい。

少女像設置にも尽力

以上見てきた文在寅の危険な政策の根本には反韓自虐史観がある。実は朴槿恵退陣を叫んだロウソクデモに集まった人々はみな同じ歴史観の呪縛の中にいる。二〇一六年十二月のロウソクデモで、ある映画のポスターが大きく引き延ばして掲げられた。

二〇一五年に一千二百七十万人の観客を集め、歴代八位の大ヒット作となった『暗殺』という映画のポスターだ。ストーリーは独立運動家らが、総督府幹部の日本人と「親日派」朝鮮人を暗殺しようとするというものだ。

デモに登場したポスターでは、主人公役の俳優の顔が刑務所に入っている李石基・元国会議員らに入れ替えられ、「彼らが帰ってくるのが民主主義」「親日派大統領に立ち向かった彼ら、従北だと決めつけられ報復を受けた」という大きな文字が書き加えられている。李・元議員は北朝鮮と通じて武装蜂起を準備した罪などで懲役刑を受けた人だ。それなのに反朴槿恵デモは、従北元国会議員らは独立運動を行って親日派に捕まったのだから、彼らが釈放されるのが民主主義だと主張をしている。まさに反韓自虐史観そのものだ。

そのことを示す端的な出来事が、二〇一六年末の釜山日本総領事館前慰安婦像設置での文の煽動だった。道路を管轄する釜山市東区庁は許可を受けていないことを理由に一度、像を撤去したが、激しい抗議にさらされ像設置を黙認した。東区庁への抗議は、文が次のように煽動したことが契機になった。

「少女像設置は真の独立宣言だ。釜山東区庁とその背後勢力は恐れている。清算されていない親日行為にちがいありません」

文は、慰安婦像設置を妨害する行政を、清算されていない親日勢力によるものだと非難したのだ。

二〇一七年一月に入り、文在寅やロウソクデモ勢力の危険さに気づいた心ある国民が、国旗である太極旗を持って大規模な体制擁護デモに立ち上がった。

三月一日には太極旗デモが、ロウソクデモの最高動員三十万人を上回る大規模な動員に成功した。

四月に入り世論調査でそれまで一〇％台だった中道左派候補の安哲秀が急浮上し、ついに文在寅と並び、一部調査では逆転するところまできた。文在寅の危険さに関する認識が少しずつ拡散してきた表れといえよう。文在寅は危険だと考えた保守層の票が分散せず一人の候補に集まれば文在寅政権は阻止される可能性もあった。すなわち、安哲秀を次悪の選択として保守が支持するというシナリオだ。

だが、安自身がそれを拒否し、保守票は自由韓国党の洪候補に結集した。結局、文在寅が当選した（文在寅は四一％の得票率。洪は二四％。安は二一％）。

文在寅・革命政権を支える左翼人脈

文在寅氏が大統領に当選した日、ソウルで保守派リーダーから「新政権は八〇年代に左派学生運動に参加した活動家中心の政権になるだろう。社会の各界に布陣した左派運動勢力の指令塔になるかもしれない」という予想をきいた。私自身は、韓国の反共自由民主主義体制が弱体化し、最悪の場合、連邦制を通じた北朝鮮による統一へ向かうことさえあり得ると考えていた。

残念ながらその見通しはそれほど間違っていないようだ。二〇一七年五月十日、政権がスタートした日に文在寅大統領は首相、国家情報院長、秘書室長の三人の核心幹部を指名した。首相には李洛淵・全羅南道知事、国情院長には徐薫・前国家情報院三次長、秘書室長には任鍾皙・前議員を選んだ。最初にこの三人の言動から文在寅政権の性格を分析しよう。

先ず、李洛淵首相だ。彼について日本のマスコミは、東亜日報東京特派員出身の日本通で、合理的思考の持ち主などと評していた。しかし、彼が国会の承認を得て執務を開始した六月一日に行った就任演説の内容は、文在寅政権は革命政権だと宣言するものだった。その主要部分を私の解説付きで訳出する。

〈文在寅政府は去年の冬から今年の春まで六カ月にかけて延べ一千七百万人が参加したロウソク革命の産物です。ロウソク革命は「これが国なのか？」という絶望的抗議から始まって、「国らしい国」を作ろうという希望的決意につながりました。ロウソク革命は政府の無能と不通と偏向に対する絶望的怒りから出発して、新しい政府の稼動に対する希望的支持として今展開しています〉

驚いたことに李首相は「文在寅政府は去年の冬から今年の春まで六カ月にかけて延べ一千七百万万人が参加したロウソク革命の産物です」と述べ、文在寅政権が革命の産物だと革命政権宣言をしたのだ。憲法の規定に従って大統領弾劾手続きが進行し、同じく憲法に従って七カ月早く大統領選挙が行われ成立したのは文在寅政権だ。それを革命というのだ。いったい彼らは何をするつもりかと疑ってしまう。

その上「延べ一千七百万万人」とするロウソクデモ参加者数は大幅に水増しされた事実とは異なる数字だ。朴槿恵退陣を求めるデモは二〇一六年十一月から始まり二〇一七年四月の大統領選挙告示まで続いた。デモは毎週土曜日になされたから、六カ月で二十四回程度となる。一千七百万を二十四で割ると一回あたり七十万となる。

しかし、面積を基準に科学的に算出された警察発表の数字では十一月から十二月にかけて最高三十万しか集まっていない。私はその現場にいたから主催者発表の百万以上参加という数字のでたらめさをよく分かっている。そして一月以降は右派の太極旗デモに動員で大きく負け、数万しか集まっていない。その大幅に誇張された数字を一国の首相がそのまま演説で使っている。これは合理的な思考の持ち主のやることではない。

「ロウソク革命は『これが国か』という絶望的抗議から始まっ（た）」と李首相は演説した。この「これが国か」というデモのスローガンは、実はロウソクデモの主題歌の名前だ。この歌を作詞・作曲したのは従北革命歌手である尹ミンソクだ。

彼は一九八〇年代、北朝鮮を支持する過激な学生運動に参加し、一九九二年北朝鮮工作員が作った地下党の傘下組織に加入したことをはじめ、これまで四回、国家保安法違反で逮捕された親北活動家だ。彼は金日成を称える歌「金日成元帥は人類の太陽」などを作っている。ロウソクデモの背後に従北勢力が存在するという証拠が「これが国か」というスローガンなのだが、李首相はそのことを知ってか知らずか、ロウソク革命は、従北歌手が作った革命歌で始まったと演説したのだ。

演説の引用を続ける。

〈愛する公職者皆さん、ロウソク革命は文在寅政府の出発で終わったのではありません。ロウソク革命はまだ進行しています。文在寅政府はロウソク革命の終点ではなく通路です。文在寅政府の公職者はロウソク革命の命令を受け取る国政課題の道具です〉

このように、李首相は「ロウソク革命は……終わったのではありません」「ロウソク革命はまだ進行している」と述べて、革命がまだ続いていると宣言した。

そして「文在寅政府はロウソク革命の終点ではなく通路です」と述べて、自らが首相として働く政権を革命の通路だと位置づけ、政権の公職者を「ロウソク革命の命令を受け取る国政課題の道具です」と規定した。文在寅政権は韓国のこれまでの体制を否定する革命政権なのだろうか。

彼は、歴代大統領が執務した青瓦台を離れ、ロウソクデモの舞台だった光化門広場に執務室を移すと公約していた。実はその光化門広場では、左派運動体がテントを張って籠城し、ロウソク革命の「請求書」を文在寅政権に突きつけている。

朴槿恵政権時代に非合法化された全教組（全国教職員労組）は、機関紙で「我々は大統領一人を代えようと寒い冬に広場に集まったのではない。全教組非合法化撤回のための文在寅政権へのＦＡＸ闘争に立ち上がってくれ」と書いた。左派運動体の「参与連帯」（一九九四年、朴元淳ソウル市長が創設。創設時は「参与民主社会と人権のための市民連帯」という名称だったが、一九九九年に現在の「参与連帯」に改称した）は、北朝鮮の魚雷によって撃沈された天安艦事件について北朝鮮を参加させた再調査と、大幅軍縮、すなわち徴兵期間を現行の二十カ月から十二カ月への短縮、兵力を六十五万から三十〜四十万へ縮小することを求めている。

民労総（全国民主労働組合総連盟）と韓国労総（韓国労働組合総連盟）は最低賃金を時給一万ウォンに即時大幅値上げすることを求めている。これが実現すると小規模食堂やコンビニなどが人件費高騰で多数廃業に追い込まれると言われている。七月十五日、文在寅政権は二〇一八年の時間当たり最低賃金を七千五百三十ウォン（約七百四十九円）で確定した。今年より一六・四％上がった水準だ。十一年ぶりに二桁の引き上げ率を記録した。

文在寅大統領は公約では三年で時給一万ウォンに上げるとしていた。そのためには毎年一五・七％ずつ引き上げる必要があったから、一年目は公約を守ったことになる。公約通り進むと二〇二〇年には韓国の最低賃金が日本を追い越すことになる。中小企業や小商工人などが今後三年間に追加で負担する金額は約百七十六兆ウォンにのぼるとされている。

また、民労総は、二〇一六年過激な暴力デモを指揮した罪で有罪判決を受け刑務所にいるハン・サンギュン委員長の釈放も求めている。ロウソクデモではハン委員長の写真が大きく掲げられ「彼が戻ってきてはじめて民主主義だ」などと書かれていた。

また、挺対協は日韓慰安婦合意破棄と、日本の出資で作った和解と治癒財団の活動中止などを求めている。これ以外にも原発廃棄、サード配置決定過程の徹底調査と責任者処罰など、ロウソク革命を担った左派団体の要求が殺到している。

文在寅政権がこれらを即時に受け入れるなら韓米同盟弱体化や経済悪化など重大な国益上の危機を迎えるはずだ。総理自身が自分たちはロウソク革命の道具だと宣言している中、左派の無理難題をどうさばくのか、行方はまだ分からない。

北朝鮮のスパイが跋扈する

二番目に徐薫国家情報院長を取り上げよう。彼は国情院に長く勤めてきた対北専門家だ。盧武鉉政権時代、対北秘密交渉を担当し、北朝鮮に多くの人脈を持つ人物として知られている。その徐院長に文在寅大統領は国情院の改革を命じた。というのも、文在寅大統領は国情院について二つの公約をしていたからだ。

第一は、国内における情報収集を止め、海外でのみ情報収集を行う。二番目は北朝鮮スパイや従北活動家に対する捜査を警察に移す。

文在寅大統領は、六月一日の任命式で徐院長に「まずは国内政治への介入を徹底的に禁じるべきだ。国民と何度も約束したので必ず進めてもらいたい」と指示した。

徐薫国情院長は国会で開催された公聴会で「自分の考え方は（文大統領と）完全に異

なるわけではない」と明言しており、就任直後に、まず文在寅公約に沿って、国情院の国内部門の機能縮小を命じた。

国内情報収集なしに国内の従北勢力の取り締まりは不可能だ。スパイ取り締まりは高度の専門性が求められる分野で、警察はその能力が乏しい。文在寅の公約がその通り実現すれば、スパイ取り締まりのための国家保安法は死文化し、これまで以上に北朝鮮のスパイと従北左派が跋扈《ばっこ》することになろう。

徐院長が次に取り組むのが、李明博、朴槿恵時代に国情院が取り組んだ事件などについての再調査だ。徐院長は文在寅大統領の指示を受け「過去の間違った政治介入事件の真相を明らかにするために」という名目で「積弊清算タスクフォース」を設置し、十三の項目の調査を行ない、関係する職員を告発している。

韓国保守のリーダー趙甲済氏は「情報機関には守るべき秘密がある。それを守れなくなれば同盟国や友好国は韓国の情報機関に機密情報をくれなくなる。これは重大な国益の損害だ。再調査するなら、大統領官邸に北朝鮮のスパイが浸透している疑惑があるとして慎重に捜査を進めていた一心会事件で、盧武鉉大統領が突然、国情院長を更迭《こうてつ》した事件などこそすべきだ」と批判している。同感だ。

首相が革命宣言をし、国情院が北のスパイ取り締まりを止める改革を実行しようとしているのが、今の韓国だ。

さて、文在寅大統領が就任直後に選んだ三人目の幹部、任鍾皙秘書室長についても検討しよう。彼は八〇年代から活発に活動してきた筋金入りの従北派革命家だ。

任鐘皙氏は、一九六六年全羅南道で生まれた。現在五十一歳だ。一九八六年漢陽大学に入学し、学内にあった親北地下サークルに加入し学生運動活動家となった。一九八九年には漢陽大学総学生会長となり、主体思想派地下サークルに推薦されて学生運動の全国組織「全大協（全国大学生協議会）」の第三代議長となった。韓国の国家安全企画部（現在の国家情報院）が当時、捜査記録に基づいて作成した「全大協は純粋な学生運動組織なのか」には以下のような記述がある。

〈一九八七年五月全大協第1期が結成されてから一九九一年六月現在の全大協第5期まで歴代全大協議長はすべて主体思想派地下革命組織から派遣された地下革命組織員であることが、この間の調査過程で明らかになった〉

〈全大協第3期、第4期、第5期議長の任鐘晳、……らも主体思想派地下組織自主・民主・統一グループ（自民統）が全国学生運動を主導、掌握するために全大協に浸透させた地下組織員たちだった〉

また、韓国左派運動を体系的に取材してきた、金成昱《キムソンウク》氏が、ネットニュース「趙甲済ドットコム」に寄稿した記事によると、任鐘晳氏が所属していた「自民統」の活動家らは一九九〇年八月下旬、江原道の漢灘江に合宿して、以下のような金日成に対する忠誠の決議を行ったという。

〈「金日成首領さま万歳、金正日指導者同志万歳、民族解放民衆民主主義万歳。偉大なる首領金日成同志と我々の指導者金正日書記の万寿無疆と韓民戦の領導の下でこの命が絶える時まで闘争するという決意、決断を持って進みます」〉

任鐘晳氏は、一九八九年全大協議長の時、組織員の女子学生を平壌に派遣し、北朝鮮が前年のソウル五輪に対抗して大々的に開催した世界青年学生祭典に参加させた。

その無許可訪朝は国家保安法違反となり、女子学生とともに任も逮捕され、実刑判決を受け、三年六カ月の刑期を終えたあと、当時の金大中が「野党には若い血が必要」として任をソウルから国会議員に立候補させ、彼は二〇〇〇年と二〇〇四年の選挙で与党候補を破って当選した。その後、任は、左派の朴元淳ソウル市長の下で副市長をしていた。

国会議員時代の任は従北議員の代表として以下のような活動をしている。

二〇〇四年八月四日国家保安法廃止立法推進委員会に参加、同年十二月十四日同法を年内に廃止することを求める議員団に加盟するなど国家保安法廃止のために活発に活動。

二〇〇四年九月二日、米国議会が北朝鮮人権法を制定したことに抗議する議員書簡に野党議員二十五人とともに署名し、二〇〇五年七月十四日には「米国と日本の北朝鮮人権問題提起を糾弾する決議案」に参同した。同決議案は「国際社会の一角で北朝鮮の人権問題を取り上げることは北朝鮮核問題の解決に否定的な影響を与える憂慮がある」としていた。

二〇〇六年十月九日、北朝鮮が一回目の核実験を行うと、任は北朝鮮ではなく米国を非難し対北包容政策の持続を求めた。任は十月十三日、以下のようにコラムに書いた。

〈北・米間［任は「米・北」と書かず、必ず北朝鮮を先にして「北・米」とする・西岡補］の葛藤と対決、その中でも北朝鮮を核実験という極端な選択に追い込んだ決定的な要因は米国の対北金融制裁にあった。……開城工団と金剛山観光をはじめとし、どのような場合でも南北経済協力のモーメンタムが失踪しないようにしなければならない〉

二〇〇七年五月三十一日「六月十五日を南北共同宣言記念日に指定することを求める決議案」に署名した。南北経済文化協力財団理事長として北朝鮮の金日成大学の図書館拡大事業を支援し、統一部を通じて二〇〇七年末までに七億一千七百万ウォンを送金している。

任の一番の問題は、自身の主体思想派地下組織員としての活動について、公開的に転向宣言をしていないことだ。その点について金文洙・元京畿道知事は二〇一七年五月十三日ソウル市内で開かれた太極旗集会で次のように指摘した。

〈大統領秘書室長になった人物は主体思想派です。主体思想派とは何か、偉金同、偉大なる首領金日成同志を称賛し、偉大なる首領金日成同志のために命を捧げるという、朝鮮民主主義人民共和国とその首領である金日成に忠誠を誓う者たちを主思派というのです。その主思派、全国大学生協議会議長になって監獄に三年六カ月入れられ、その後、国会議員もしたが、一体どのように自分の考えが変わったのか話しをしていません。監獄に入っていたからといって考えが変わるものではありません。

偉大なる首領金日成同志と叫んでいたその人が、大統領秘書室長になったが、大統領秘書室長というものは何ですか。大韓民国国軍統帥権者である大統領の最も近くで全ての秘密資料をみんな扱います。わが国には大統領の次に多くの秘密を扱う人物は他にはいません。北朝鮮と金正恩、敵国と敵の首魁が何をしているか、わが国の友邦同盟国である米国が何をしているのか、この全ての最高級情報を扱います。各種の高級情報と軍事的な核心的な情報に関わる特級機密を扱うのがまさに大統領秘書室長ではないですか。

私は強く訴えます。過去に偉大な首領金日成同志を称賛した勢力にいた者が大統領秘書室長になったのですから、過去の考えがどのように変わったのか、変わっていないのか必ず尋ねてみて、本人の考えがどのように変わったのか、今はどのような考えなのか、それを明らかにすることを私は皆様とともに要求します〉

しかし、韓国のマスコミはこのような金文洙・元知事の訴えを無視し、任秘書室長が転向したかどうかについてまったく問題にしないのだ。また、金・元知事は野党の自由韓国党所属ではあるが、二〇一六年の国会議員選挙で落選し議席を持たず、党指導部からも任室長の転向問題を提起する声は残念ながら出てこない。このように、静かに、しかし着実に韓国内の革命は進んでいるのだ。

まさに国情院の国内部門が任を調査しなければならないはずだが、彼はすべての機密を自由に閲覧できる立場にいるのだ。

私は、任が秘書室長に任命されたと聞いた時、すぐ、日本の細川護熙政権における武村正義官房長官のことを思い出した。一九九四年、ちょうど、今と同じように米朝が北の核ミサイル開発をめぐり緊張を高めていた。時の米国クリントン政権は、寧辺の原子炉への爆撃を真剣に検討していた。その時、同盟国日本は非自民連立政権で官房長官の武村は親北派として有名だった。

当時、日本政府は極秘で米国が北朝鮮を攻撃した際にどのような協力が出来るかを検討していたが、暫定的にできていた、その計画書の項目が、順序と項目名がほぼそのまま北朝鮮の朝鮮通信から流れて大いに驚いたことを私は今でも鮮明に覚えている。米国は、細川首相に武村が官房長官では軍事作戦は出来ないとして更迭《こうてつ》を求め、細川はそれを受け入れた。当時、細川首相の側近だった小池百合子氏が次のように生々しく書いている。

〈94年2月12日夜、日米包括協議のためにワシントンを訪問中の細川護煕総理（当時・以下同じ）から、私の東京での居所である高輪の衆議院議員宿舎に電話が入った。受話器からは、意外な名前が飛び出した。

「武村さんは問題だっていうんです」

武村さんとは、言うまでもなく、細川連立政権のパートナーであり、新党さきがけの代表であった武村正義官房長官のことである。実際、ワシントンから帰国直後の2月15日、細川総理は唐突に内閣改造の意向を表明し、武村官房長官と村山富市社会党委員長からは猛烈な反発が巻き起こった。

日米包括協議「決裂」というこれまでの日米交渉にはない厳しい結果を迎える一方で、ワシントン滞在中の細川総理は、アメリカの政府高官から北朝鮮情勢が緊迫していること、朝鮮半島有事の際の日本の安全保障上の問題点を指摘された。米側から核兵器の開発現場を含む衛星写真の提示もあったと聞く。ホワイトハウスが抱く最大の不安は、朝鮮半島にからむ情報が、日本と共有するにあたって、他へ漏れる恐れがあることだった。日本の中枢、他でもない総理官邸におけるナンバー2、武村官房長官から北朝鮮へ流れるのではないか、との不安だという〉（小池百合子「細川首相退陣の引き金は『北朝鮮有事』だった」『正論』二〇〇二年七月号）

二〇一七年六月末、文在寅が初の外遊先として米国を訪れ、トランプ大統領と会談した。軍事を含む全ての手段を使って北朝鮮の核ミサイル開発を止めさせるとしているトランプ大統領が文在寅と一対一になった時、任室長を止めさせろと迫ったかどうかは現段階では不明だ。

公開された会談内容や共同声明では、韓米同盟強化、核の傘の再確認、韓国主導の平和統一環境造り支持などトランプ大統領は表向き、文大統領を立てた部分が多い。特記されるべきは、サードミサイル問題について一切言及がなかったことと、米軍が持つ戦時作戦統制権の早期返還が明記されたことだ。

文大統領が就任直後から、サードミサイル配備について、さまざまな理由で遅延工作を行ってきたことについてトランプ大統領は激怒していると伝えられていたから、とりあえずは静観となったのだろう。作戦統帥権返還は盧武鉉政権が推進し、李明博、朴槿恵政権が北朝鮮情勢などを理由に延期してきたものだ。盧武鉉大統領は退任後、「米軍が作戦統帥権を持っていると北朝鮮が脅威と感じるから返還を求めた」と吐露《とろ》している。

つまり、北朝鮮が核ミサイルで国際社会を脅かしている時、北朝鮮の感じる米国の脅威を減らすための政策を盧武鉉が開始し、文在寅がそれを引き継いだことになるのだ。文在寅政権は、北朝鮮に軍事的脅威を感得させることではなく、安心感を与えることを目標としているのかもしれない。

一方、米国とすれば、在韓米軍を守るためのサード配備に非協力的な文政権の下で、米軍を韓国に駐留させておく必要を感じなくなってもおかしくない。共同声明では在来式武器と核による韓国防衛を再確認したが、それは在韓米軍駐留の継続なしでも出来る内容だ。むしろ、戦略的忍耐を止めたトランプ政権が、対北爆撃などを選択する場合、北朝鮮の長距離砲などの射程に米軍が駐屯していることは作戦上、障害になりかねない。

六月末、在韓米軍の地上戦力指揮部である米第八軍司令部が、ソウル龍山基地から京畿道平沢基地へ移転した。十一月までには在韓米軍司令部も移動作業を終える方針だと伝えられている。移転が終われば在韓米軍は北朝鮮の長距離砲の射程から外れる。狭い半島で連合司令部を解体して別々に戦争することは米陸軍の立場からは大変不便だ。早期に作戦統帥権を返還した上、陸軍の主力は韓国から引くことが予想される。

この後に及んでも文在寅政権は、北朝鮮との対話や平和条約締結はともかく人道支援をしようなどという話を繰り返している。ある米情報関係者は、今後、もし、文在寅政権が開城工団再開など北朝鮮を経済的に助けるなら、それに加担している韓国企業に米国が制裁をかけると語っている。すでにその候補として輸出入銀行と韓国鉄道公社、ポスコが選ばれ、詳細な調査を終えているという。輸出入銀行は韓国の対北朝鮮貿易の窓口になっているし、鉄道公社とポスコは北朝鮮から石炭を買ってきたところだ。

革命政権として、まず国情院の事実上の解体に乗り出した文在寅政権は、外交では当面、日米韓の枠組みを尊重するかのようなジェスチャーをしてはいる。しかし、トランプ政権はすでに韓国を半分見捨てている。わが国も、文在寅政権は韓国の反共自由民主主義体制を根本から崩そうとする革命政権だという現実を直視し、最悪のシナリオとして、半島全体が核を持つ反日勢力によって統一されることもあり得るという覚悟を持っていなければならない。危機は目の前にあるのだ。

金正恩体制が倒れれば、韓国の従北左派も滅ぶ

最後に、このような韓国の状況を踏まえ、わが国これからは何をすべきかを論じたい。

私は、一九八七年、韓国で民主化が実現した直後から、北朝鮮が左傾民族主義を媒介として韓国工作を加速させ、多くの若者が「反韓自虐史観」に洗脳され、韓国の反共自由民主主義を否定していくようになるのではないかと、警告を発してきた。表面

に出ている反日の主張は、反韓自虐史観の反映であり、問題の本質は、韓国が韓米同盟から離れ、北朝鮮と統一したり、中国共産党の衛星国になる危険が高まっていることだと主張してきた。

日本の歴史は、古来より朝鮮半島全体に反日政権ができることを常に最大の国難としてきた。それは日本の地政学的宿命だ。白村江の戦いに、わが国が大軍を送ったのもそのような危機を避けるためだったが、唐・新羅連合軍に敗北した結果、当時の朝廷は全国から人民を徴兵して防人として九州に送り、水城を築いて唐・新羅軍の対日攻撃に備えた。元寇も高麗王朝が元に屈服し、済州島で最後まで抵抗していた武士集団三別抄《さんべつしょう》が降伏した直後に、元の日本侵攻が始まった。その国難を鎌倉武士は多くの犠牲を払って克服したのである。

日清日露戦争も、朝鮮半島を反日勢力の手に渡さないという戦略目標のため戦った戦争だった。特に日露戦争は桁違いに国力の強い当時のロシアと国家存亡をかけて全国民が団結して戦ったのだが、それは地政学的危機を明治の先人が良く理解していた証左でもある。

日露戦争後、日韓併合により朝鮮統治を行ない多額の予算を投下したが、それは経済的利益のためよりも、半島全体が敵対勢力の手におちることを防ぐという安全保障上の利益のためだった。

ところが、戦後、南北分断と朝鮮戦争の結果、米軍が韓国に駐屯して半島の真ん中の休戦ラインで共産主義勢力と対峙することとなり、冷戦下で日本は北海道北方を除き共産勢力と直接対峙することがなくなった。

そのため、自国の安全を自国の力で守るという白村江の戦い以来、ずっと身につけていた正常な国家精神がいつの間にか希薄になってきたのだ。自衛のための国軍の保持を禁止する憲法九条二項を、いまだに改正できないのもそのためだ。

朝鮮半島は今、南北双方で体制の危機を迎えている。言い換えると南北の国家と民族史の正統性をかけた戦いは最終段階にあり、韓国による自由統一か、北朝鮮による赤化統一のどちらかが実現する可能性が生まれてきた。その中で、トランプ政権は北朝鮮の核問題を米国の最優先課題と位置づけている。それは、自国の防衛を真剣に考えている表れだが、グローバルな視点から、自由民主主義体制を守るという米外交の伝統はそこには見られない。安倍政権は核ミサイル開発を絶対に容認せず米国と連繋して圧力を強めるという姿勢を取っており、その上で拉致被害者救出を最優先課題としている。日本は、韓国に対しては文在寅政権の動向を鋭意観察し、理不尽な歴史問題での反日外交には事実を踏まえた反論をしながら、韓国が国是である反共自由民主主義を捨てないように韓国内保守派にモラルサポートを送るしかない。

一方で、北朝鮮の金正恩体制が、自壊、ないしは数年以内に倒される可能性も出てきた。そうなれば韓国の従北左派は、急速に力をなくすはずだ。

わが国は北朝鮮の危機をうまく利用して、拉致被害者全員救出を実現することを目指すべきだ。南北の体制危機がどのような決着を迎えるのか、その過程でわが国の国益を最大限に実現するために何をするべきか、日々動く半島情勢を見ながら国民みなで考えるべき重大課題だ。

第三章　「慰安婦」解決はもはや不可能か？

ウソを正す姿勢を内外に明示

二〇一五年十二月二十八日になされた日韓「慰安婦合意」は、日本にとっての「慰安婦問題」の解決につながるのだろうか。その答えは否である。今回の合意はあくまでも悪化していた日韓関係を改善させることを目的としてなされた外交上妥協だからだ。

外交交渉では常に妥協はつきものだ。お互いの国益を最大にするため、我慢し合うのは常識だ。お互いに五十五対四十五、あるいは五十一対四十九で自国が有利だと考えられるように物事をまとめるのが優秀な外交官だろう。その意味では合意はよくできている。

安倍晋三首相が強調するように、北朝鮮情勢が緊迫する中、同じ米国と軍事同盟を結ぶ韓国との政府間関係を緊密にすることは日本の国益にかなう。

この合意については、対韓歴史外交ではめずらしく日本側からも強い姿勢で要求を出した。「最終的かつ不可逆的に解決したこと」を韓国側が明言することと、日本大使館前の慰安婦像の撤去の二点を合意の条件としたのだ。これまでは、一方的に韓国側から要求を突きつけられ、日本側がこれまでの国際法上の立場を崩さないようにしつつ、足して二で割るような譲歩をするというパターンだった。その点で、安倍外交は新鮮だった。

しかし、慰安婦問題の本質であるウソへの挑戦ということを回避して外交上の妥協をしたため、合意は大変不安定なものになっている。その上、国連をはじめとする国際社会で相互批判を自制するという項目が合意に入っているので、事実に反する反日宣伝への反論が一層やりにくくなるなら、重大な禍根《かこん》を残すことになった。

二〇一六年一月十八日、参議院予算委員会で安倍晋三首相は歴史的な答弁を行って、その不安をある程度払拭した。安倍答弁の骨子六点をまず挙げておく。
一　慰安婦問題に関して海外に正しくない誹謗中傷がある。
二　性奴隷、二十万人は事実でない。
三　慰安婦募集は軍の要請を受けた業者が主にこれに当たった。
四　慰安婦の強制連行を示す資料は発見されていない。
五　日本政府が認めた「軍の関与」とは慰安所の設置、管理、慰安婦の移送に関与したことを意味する。
六　政府として事実でないことについてはしっかり示していく。
その日、中山恭子議員が二〇一五年十二月の日韓慰安婦合意（共同発表）によって、国際社会に著しい日本誹謗が拡散しているとして、次のように質問した。

〈日本が軍の関与があったと認めたことで、この記者発表が行われた直後から、海外メディアでは日本が恐ろしい国であるとの報道が流れています。日本人はにこにこしているが、その本性はけだもののように残虐であるとの曲解された日本人観が定着しつつあります。今回の共同発表後の世界の人々の見方が取り返しの付かない事態になっていることを、目をそらさずに受け止める必要があります。

外務大臣は、今回の日韓共同発表が日本人の名誉を著しく傷つけてしまったことについて、どのようにお考えでしょうか〉

これに対して岸田文雄外相は日本の名誉を守るという強い姿勢の見られない通り一遍の答弁をしたので、中山議員が次のように安倍総理の見解を質した。まず中山議員の鋭い質問を議事録から引用する。

〈中山　今の外務大臣のお答えだけでは、今ここで、世界で流布されている日本に対する非常に厳しい評価というのが払拭できるとは考えられません。明快に今回の軍の関与の意味を申し述べていただきたいと思っております。

安倍総理は、私たちの子や孫、その先の世代の子供たちにいつまでも謝罪し続ける宿命を負わせるわけにはいかないと発言されています。私も同じ思いでございます。

しかし、御覧いただきましたように、この日韓外相共同記者発表の直後から、事実とは異なる曲解された日本人観が拡散しています。日本政府が自ら日本の軍が元慰安婦の名誉と尊厳を深く傷つけたと認めたことで、日本が女性の性奴隷化を行った国であるなどとの見方が世界の中に定着することとなりました。

今後、私たちの子や孫、次世代の子供たちは、謝罪はしないかもしれませんが、女性にひどいことをした先祖の子孫であるとの日本に対する冷たい世界の評価の中で生きていくこととなります。これから生きる子供たちに残酷な宿命を負わせてしまいました。安倍総理には、これらの誤解、事実に反する誹謗中傷などに対して全世界に向けて正しい歴史の事実を発信し、日本及び日本人の名誉を守るために力を尽くしていただきたいと考えます。

総理は、この流れを払拭するにはどうしたらよいとお考えでしょうか。御意見をお聞かせいただけたらと思います〉

これに対して安倍総理は次のように明確に答弁した（傍線は西岡）。

〈**安倍**　先ほど外務大臣からも答弁をさせていただきましたように、海外のプレスを含め、正しくない事実による誹謗中傷があるのは事実でございます。

性奴隷あるいは二十万人といった事実はない。この批判を浴びせているのは事実でありまして、それに対しましては、政府としてはそれは事実ではないということはしっかりと示していきたいと思いますが、政府としては、これまでに政府が発見した資料の中には軍や官憲によるいわゆる強制連行を直接示すような記述は見当たらなかったという立場を辻元清美議員の質問主意書に対する答弁書として、平成十九年、これは安倍内閣、第一次安倍内閣の時でありましたが閣議決定をしておりまして、その立場には全く変わりがないということでございまして、改めて申し上げておきたいと思います。

また、当時の軍の関与の下にというのは、慰安所は当時の軍当局の要請により設営されたものであること、慰安所の設置、管理及び慰安婦の移送について旧日本軍が直接あるいは間接にこれに関与したこと、慰安婦の募集については軍の要請を受けた業者が主にこれに当たったことであると従来から述べてきているとおりであります〉

中山議員はやり取りの最後にだめ押しの確認質問をし、総理もその意図を理解してきちんと答えた。そのやり取りを引用する。

〈**中山**　総理の今の御答弁では、この日韓共同記者発表での当時の軍の関与の下にというものは、軍が関与したことについては、慰安所の設置、健康管理、衛生管理、移送について軍が関与したものであると考え、解釈いたしますが、それでよろしゅうございますか。
安倍　今申し上げたとおりでございまして、衛生管理も含めて設置、管理に関与したということでございます〉

ここで安倍総理が「海外のプレスを含め、正しくない事実による誹謗中傷があるのは事実でございます」と答弁したことの意味は重い。「事実に反する誹謗中傷」が海外に広がっていることを総理が国会で公式に認めたのだからだ。もう一つ、総理は「政府としてはそれは事実ではないということはしっかりと示していきたい」と明言した。事実でないことに対しては政府として反論すると宣言したのだ。

実はこの一年前にも安倍総理はほぼ同じ答弁を行っていた。しかし、その後も外務省は事実に基づく公開的反論を行わなかった。

二〇一四年十一月三日の産経新聞の報道により、米大手教育出版社「マグロウヒル」（本社・ニューヨーク）が出版した高校の世界史の教科書に、慰安婦問題などで重大な事実誤認に基づく記述があることが分かった。「日本軍は十四～二十歳の約二十万人の女性を慰安所で働かせるために強制的に徴用し、慰安婦になることを強要した」「逃げようとして殺害された慰安婦もいた」「日本軍は慰安婦を天皇からの贈り物として軍隊にささげた」との内容が含まれていたのだ。

この報道を受け外務省も訂正のため動いた。十一月七日、在ニューヨーク総領事館が出版社に記述内容の是正を申し入れ、十二月中旬に正式な話し合いの場が持たれた。しかし、二〇一五年一月十五日、同社は文書を発表して、日本政府の関係者が「慰安婦」に関する記述を変更するよう求めてきたが「『慰安婦』の歴史的事実に対する学者の意見は一致している。われわれは執筆者たちの記述、研究、表現を明確に支持する」と訂正要求を拒否した。

また、外務省は同記述の執筆者である米国歴史学者にも訂正を求めた。ハワイ大学マノア校の准教授を務めるジーグラー氏は「出版社と私は日本政府の関係者から個別に連絡を受け、不愉快な書き方に何らかの修正を求められた。出版社も私もそのような考えは一切受け入れていない」と『ウォール・ストリート・ジャーナル』二〇一五年一月十五日付けで述べている。

その後、米国歴史学者らが二回にわたって声明を出し、私を含む日本の学者がそれらに反論を出した。安倍総理は二〇一五年一月二十九日の衆議院予算委員会で、稲田朋美議員の質問に答えて以下のように答弁している。

〈**安倍**　マグロウヒル社の教科書を拝見いたしまして、私も本当に愕然といたしました。主張すべき点をしっかりと主張してこなかった、あるいは訂正すべき点を国際社会に向かって訂正してこなかった結果、このような教科書が米国で使われているという結果になってきた。

国際社会においては、決してつつましくしていることによって評価されることはないわけでありまして、主張すべき点はしっかりと主張していくべきであり、（略）外務省におきましても、外交におきましても、国際社会の正しい理解を得るべく、今後とも我が国の国益の実現に資するよう、戦略的かつ効果的な発信に努めていきたい、このように思います〉

ところが、外務省は現在に至るまで、マグロウヒル社の教科書のどの記述を日本政府として問題にしているのかについて、公表していない。ただ、同社に働きかけたことだけを認めて、その訂正要求の具体的内容を明らかにしていない。外務省のホームページにはこの問題についての外務省の見解を示す文書は存在しない。

総理は国会で「外務省におきましても、外交におきましても、国際社会の正しい理解を得るべく、今後とも我が国の国益の実現に資するよう、戦略的かつ効果的な発信に努めていきたい」と答弁したが、外務省は発信をしてこなかった。

しかし、二〇一六年一月の前記安倍答弁を受け、ついに外務省が反論をはじめた。杉山晋輔外務審議官（当時、二〇一七年現在外務次官）が二〇一六年二月十六日、ジュネーブの国連女子差別撤廃条約委員会で堂々たる反論を行った。主要部分を外務省ホームページから引用する。

〈書面でも回答したとおり、日本政府は、日韓間で慰安婦問題が政治・外交問題化した一九九〇年代初頭以降、慰安婦問題に関する本格的な事実調査を行ったが、日本政府が発見した資料の中には、軍や官憲によるいわゆる「強制連行」を確認できるものはなかった。

「慰安婦が強制連行された」という見方が広く流布された原因は、一九八三年、故人になった吉田清治氏が、『私の戦争犯罪』という本の中で、吉田清治氏自らが、「日本軍の命令で、韓国の済州島において、大勢の女性狩りをした」という虚偽の事実を捏造して発表したためである。この本の内容は、当時、大手の新聞社の一つである朝日新聞により、事実であるかのように大きく報道され、日本、韓国の世論のみならず、国際社会にも、大きな影響を与えた。しかし、当該書物の内容は、後に、複数の研究者により、完全に想像の産物であったことが既に証明されている。

その証拠に、朝日新聞自身も、二〇一四年八月五日及び六日を含め、その後、九月にも、累次にわたり記事を掲載し、事実関係の誤りを認め、正式にこの点につき読者に謝罪している。

また、「二十万人」という数字も、具体的裏付けがない数字である。朝日新聞は、二〇一四年八月五日付けの記事で、「『女子挺身隊』とは戦時下の日本内地や旧植民地の朝鮮・台湾で、女性を労働力として動員するために組織された『女子勤労挺身隊』を指す。（中略）目的は労働力の利用であり、将兵の性の相手をさせられた慰安婦とは別だ。」とした上で、「二十万人」との数字の基になったのは、通常の戦時労働に動員された女子挺身隊と、ここでいう慰安婦を誤って混同したことにあると自ら認めている。なお、「性奴隷」といった表現は事実に反する〉

まさに先に見た安倍総理の参議院予算委員会答弁とほぼ同じ内容であり、外務省が事実関係に踏み込んだ反論をしたという点で画期的なものだった。その点は肯定的に評価したい。

ただし、杉山発言は国連女子差別撤廃条約委員会の委員からの質問に口頭で答えたものであり、文書で提出された政府の正式回答や杉山審議官が同委員会の冒頭で行った政府見解ステートメントにもこのような内容は含まれていなかった。内容は画期的だが形式が消極的だった。その上、このような質問への口頭回答も、官邸の衛藤晟一補佐官らが総理の意向を組んで外務省に強く求めた結果実現したものだった。

しかし外務省はこの杉山反論を国際広報の道具としてすぐには活用してこなかった。実は私は杉山反論が外務省のホームページに掲載されていないと批判し、掲載された後も掲載場所があまりにもわかりにくく五回クリックしなければたどり着けないと批判した。

すると、二〇一六年八月にホームページ「歴史問題Q＆A」コーナーに杉山反論のリンクが張られ、同反論を前面に出す広報が開始された。二〇一七年九月本稿執筆の時点では、「慰安婦問題に関する日本の考え方や取組に対し、国際社会から客観的な事実関係に基づく正当な評価を得られるよう引き続き努力していきます」という表現が入り、そこからすぐ杉山反論にリンクが張られるなど、一定の改善がある。

これまでの外務省のひどい対応

だが、これまでのわが国外交当局の対応はあまりにもひどかった。それを概観しておく。わが国は中国と韓国が歴史認識問題を外交課題として持ち出してきた時に、その不当な要求に対して事実に踏み込んだ反論をせず、まず謝罪して道義的責任を認め、人道支援の名目で、すでに条約・協定で解決済みである補償を再び中途半端な形で行なったため、問題をさらに悪化させることとなった。

一九八二年の教科書誤報事件では、日本のマスコミの誤報についてきちんと説明せず、謝罪し検定基準を改定し、韓国と中国が問題にした教科書記述について事実上の改定を行った。具体的には慰安婦問題、強制連行などについて検定意見をつけなくなり、その結果、左派学者らがこれらの問題についてほぼ自由に教科書記述をおこなうという状況となり、一九九七年から使用される中学校歴史教科書のすべてに「慰安婦強制連行」記述が入るという驚くべき事態となった。

首相の靖國神社参拝についても、中曽根首相が一九八五年の参拝を最後にそれまで毎年行っていた参拝を取りやめ、その後の首相もそれにならうこととなった。

一九八六年に中曽根内閣は後藤田正晴官房長官の談話を出し、「昨年実施した公式参拝は、過去における我が国の行為により多大の苦痛と損害を蒙《こうむ》った近隣諸国の国民の間に、そのような我が国の行為に責任を有するA級戦犯に対して礼拝したのではないかとの批判を生み、ひいては、我が国が様々な機会に表明してきた過般の戦争への反省とその上に立った平和友好への決意に対する誤解と不信さえ生まれるおそれがある」ため「内閣総理大臣の靖國神社への公式参拝は差し控えることとした」と公表した。

その後、橋本龍太郎首相が一回参拝し、小泉純一郎首相が中韓の反対の中、六年連続で参拝し、二〇一三年十二月二十六日に安倍晋三首相が参拝した。小泉首相の参拝、安倍首相の参拝について、外務省高官らは中韓の批判に対して正面から反論しなかった。

慰安婦問題については、私はこれまで多くのところで指摘したが、一九九二年一月、宮沢喜一首相が訪韓した時、女子挺身隊としての朝鮮人慰安婦連行があったかどうか、調べることをしないまま、総理に八回謝罪させたのが、当時の外務省だった。

私は同年二月外務省アジア局北東アジア課の幹部に面談したが、「総理の謝罪は権力による慰安婦連行に対するものなのか、それとも貧困の結果売春業に就かざるを得なかったことに対する人道的立場からの謝罪なのか、と尋ねたところ、「これから調べる」という衝撃的回答を得た。

中国、韓国が初めて歴史問題を外交化した一九八二年の第一次教科書問題の際、外務省は内政干渉に屈してはならないと抵抗した文部省などを抑えて、検定基準の改定を実現させた。中国、韓国の抗議は、「侵略」が「進出」にされた云々といった、日本のマスコミの誤報を根拠にしていたにもかかわらず、外務省は前述の通りその点を指摘する反論を行わなかった。

ほぼ唯一、外務省が事実関係に踏み込んだ反論を試みようとしたのが、一九九六年の慰安婦問題に関するクマラスワミ報告に対する長文の反論文書を配布した事例だ。しかし、関係国国連代表部に文書が配布された後、その文書は取り下げられ、事実関係の反論を除いて日本はすでに謝罪し償いをしているという内容の文書に差し替えられた。

その後も第二次安倍政権成立までは、わが国外交当局から事実に踏み込んだ反論はなされなかった。

外務省関係者の弁明

問題の根源は、このように事実関係に踏み込んだ反論を外務省が一切してこなかったことにある。先述の通り、第二次安倍政権になって、首相とその周辺は本格的な反論をする体制を作ろうと努力してきた。しかし、その状況は少しずつしか変わっていない。

なかなか政府内の体制が変わらない理由は反論をしない方が外交上、有利だと考える勢力が政府や与党内にもまだ残っているからではないかと私は疑っている。

外務省に近い専門家らは、自分たちが調べもせずに先に謝罪しておきながら、その責任を回避して、「相手がゴールポストを動かしているため問題が解決しない」などという言い訳を繰り返している。

日中・日韓関係の現状の比喩としての「ムーブ・ザ・ゴールポスト」論は、二〇一三年に外務省OBの宮家邦彦氏が初めて提唱したものと見られる。その後、この議論は拡散し『21世紀構想懇談会報告』の日韓関係を論じる部分にも採用された。

だが、この議論は歴史認識問題発生のメカニズムを正確に見ていない。事態の推移を最初から見るならば、まず外務省がゴールポストを相手陣営近くに動かしたのだ。国益の対立の場である外交において先に謝罪すればそれが弱点となり、相手国はそこを継続して狙ってくる。

複数の外務省OBは、南京事件や慰安婦問題に対する反論を「歴史を否定する開き直り」などとして以下のように公然と非難している。

「河野談話」「村山談話」作成過程に深く関わった外務省高官である谷野作太郎氏は、

「日本の名誉を取り戻す」動きについて次のように批判している。

〈歴史をどう解釈するか。そこには色々な見方があってよい。しかし、近年、国内の一部の風潮として「日本の名誉を取り戻す」として否定しがたい「歴史」を否定したり、これに正面から向き合わず「慰安婦など、皆、カネ目当てだった」『南京事件などでっち上げ！」などと開き直ったりする。近現代史について史料を渉猟しようとすると、「自虐史観だ。怪しからぬ。止めておけ」とも。

このような発言が、国際社会から見れば、実は「日本人の名誉」を最も深いところで傷つける結果となっているということを、分かってほしいと思います〉（『ダイヤモンド・オンライン』二〇一五年八月十三日）

二〇一二年まで駐韓大使だった武藤正敏氏は二〇一五年に出版した単行本『日韓対立の深層』で慰安婦問題に関して事実に基づく反論をしてはならないという主張を以下のごとく明言した。

〈日本が注意すべきポイントは、「狭義の強制性はなかった」という主張は決してしないことです。なぜならその主張は、かえって国際社会に「過去の非人道行為を反省していない」との不信感を植え付け、ますます韓国側に同情を集めてしまいかねないからです。この問題の対応は、世界がどう見ているかという視点で考える必要があるのです〉

武藤はその上で、資料はないが軍による強制連行があったかもしれないとさえ主張している。

〈そもそも、軍による「強制性」がなかったと言い切れるかどうか。資料がないというのは理由になるのか。軍人による強制連行を資料として残すとも考えられません。また、「絶対になかった」と明確に否定できる証拠にしても見つかることはないと思います〉

前出の宮家邦彦氏も慰安婦問題や南京事件で事実に基づく反論を政府が行うことを

以下のように否定して、外務省を擁護している。

〈過去の「事実」を過去の「価値基準」に照らして議論し、再評価すること自体は「歴史修正主義」ではない。しかし、そのような知的活動について国際政治の場で「大義名分」を獲得したいなら、「普遍的価値」に基づく議論が不可欠だ。いわゆる「従軍慰安婦問題」や「南京大虐殺」について、歴史の細かな部分を切り取った外国の挑発的議論に安易に乗ることは賢明ではない。

過去の事実を過去の価値基準に照らして再評価したいなら、大学に戻って歴史の講座をとればよい。逆に、過去の事実を外交の手段として活用したければ、過去を「普遍的価値」に基づいて再評価する必要がある。歴史の評価は学者に任せればよい。現代の外交では普遍的価値に基づかない歴史議論に勝ち目はないのだ〉（『WEDGE Infinity』二〇〇五年五月二十五日）

外務省ＯＢの岡本行夫氏も二〇〇七年米下院での慰安婦決議当時、民間人が事実に基づく反論の意見広告を出したことに対して、次のように否定的に述べている。

〈慰安婦問題について米下院で審議されている対日謝罪要求決議案。四月末に安倍首相が訪米した際の謝罪姿勢によって事態は沈静化し、決議案成立はおぼつかない状況になっていた。しかし日本人有志が事実関係について反論する全面広告をワシントン・ポスト紙に出した途端、決議案採択の機運が燃えあがり、三十九対二という大差で外交委員会で可決され、下院本会議での成立も確実な状況になった。

正しい意見の広告だったはずなのに何故なのか。それは、この決議案に関しては、すでに事実関係が争点ではなくなっているからである。過去の事象をどのような主観をもって日本人が提示しようとしているかに焦点があたっているからである。日本人からの反論は当然あるが、歴史をどのような主観をもって語っていると他人にとられるか、これが問題の核心であることに留意しなければならない〉（産経新聞二〇〇七年七月二十三日）

慰安婦問題の後ろでうごめく北朝鮮の日韓離間工作

私は日韓合意の直後である二〇一六年一月はじめ、ソウルを訪れた。以下、当時韓国で合意がどのように受け止められていたのか、合意破棄を求める左派勢力の虚偽認識がいかに深刻なのかを記しておきたい。

一月四日午後、ソウル日本大使館前に出かけてみた。大使館は工事中で別のビルに臨時に移転しているから正確には大使館建設現場前ということになる。

大使館と車道を挟んだ向かいの歩道にブロックをはがして慰安婦像が建てられている。その横に七人の女子学生が毛布を敷いて座り込みしていた。教師らしい男性がつきそっていた。彼女らは「世界史」の参考書を開いて勉強していた。大学では「世界史」の科目はなさそうだから、女子高生のようだった。

周囲に反日運動家らしい老人が一人立っていた。あとは、取材に来ていた記者数人が動画や写真を撮っていた。その後ろに見物に来ていた数人の男女がいた。彼女らのうち一人が引率の教師の指示に従い、立ち上がって集まった七、八人の記者と見物人に以下のように慰安婦像の説明を行った。

〈少女像が裸足なのは、当時、合計二十万人が戦場に強制的に連れて行かれ性奴隷にさせられ、戦争が終わったとき、日本軍はそのうち十八万を防空壕などに閉じ込めて虐殺したから、帰国できたのは二万人くらいで、その人たちも「売春婦」だといってさげすまれ、まともに祖国の地を踏めなかったことを象徴している。

今回の日韓外相同士の合意は受け入れられない。少女像撤去という条件を付けた謝罪は真の謝罪とは言えない。日本による国家犯罪を後世に伝えるためにも少女像を守らなければならないと考え、ここに座り込んでいる〉

傍線部分を聞いてため息が出た。安倍首相が否定した「性奴隷二十万人」が大使館前では事実とされている。それればかりか、「日本軍が十八万人を虐殺した」という全く事実ではない誹謗までも付け加わっている。

町のスタンドに売られていた週刊誌の表紙に、慰安婦像の写真を背景にして大きな赤い文字で「NOあなたらの合意、認めない」という日本語が書かれていた。左派系のハンギョレ新聞が出している週刊誌『ハンギョレ21』の一月十一日号(一月四日発売)だった。「少女よ泣かないで」というタイトルのカバーストーリーなど慰安婦合意を十一頁にわたり大特集していた。

そこでは十二月三十日に慰安婦像の周辺で合意後、初めて開催された「水曜集会」の写真が大きく掲載されていた。多数の女子高生らが慰安婦像のまわりに座り、亡くなった元慰安婦の写真を掲げていた。記事によると彼女らは元慰安婦のお婆さんに代わって「屈辱的慰安婦合意を拒否する」「不可逆的なのは日本の戦争犯罪だ」「日本軍慰安婦強制動員事実を認め法的に賠償せよ」などと叫んだという。集会の中で二〇一五年に亡くなった元慰安婦九人の追慕祭も開かれた。同誌が紹介する九人の生涯は以下の通り、にわかに信じがたい内容が沢山含まれている。

〈一九一九年全羅南道求礼郡で生まれた崔カプスンお婆さんは十五歳の時、自宅に乗り込んできた日本巡査に父親の代わりとして連行された。全州から満州の牡丹江まで連行され慰安婦生活をした。彼女は十二月五日に生を終えた〉

日本の巡査が十五歳の少女を慰安婦にするために連行することなどあり得ない。当時、朝鮮総督府の警察は朝鮮人女衒《ぜげん》が未成年をだまして慰安婦として連れて行くことを取り締まっていた。また、父親の代わりに娘を連行することもあり得ない。

〈一九二五年慶尚南道宜寧郡で生まれた李ヒョスンお婆さんは十七歳の時から釜山、日本、台湾、中国、シンガポール、ベトナムまで連行された。性奴隷を拒否するとしてむち打たれ拷問された〉

最初に釜山で慰安婦になったとするなら、そこは日本軍のための施設でなく、一般の娼家だったはずだ。日本、台湾も戦場ではなかったから軍が慰安所を設置していない。

そのほか、「一九二二年生まれの朴ユニョンお婆さん［終戦年に二十三歳・西岡補以下同］、一九二五年生まれの金タルソンお婆さん［二十歳］、一九二五年生まれの崔クムソンお婆さん［二十歳］、一九二六年生まれの黄ソンスンお婆さん［十九歳］、一九三二年生まれの金ヨンヒお婆さん［十三歳］、一九三四年生まれの金ウェファンお婆さん［十一歳］、そして『朴お婆さん』とだけ呼ばれていたお婆さん」が出てくる。

終戦の年に十一歳や十三歳だったお婆さんらが慰安婦だったとするなら、朝鮮戦争時の米兵のための施設にいたのではないか。終戦の年に二十歳や十九歳だったというお婆さんたちの証言も裏付けが取れているのかどうかは不明だ。

韓国政府は一九九三年に制定された「日帝下日本軍慰安婦に対する生活安定支援法」にもとづき二百三十八人を元慰安婦として認定している。そのうち百九十二人が亡くなり、二〇一五年十二月現在の生存者は四十七人だった。認定されると無条件で生活保護対象となり公的賃貸住宅に優先的に入れるだけでなく、毎月五十万ウォンの生活安定資金を給付される。それから、一九九八年には、日本のアジア女性基金のお金が、民間の寄付によるもので政府の責任を認めていないことに抗議する意味で（韓国政府の公式説明）、一時金としてアジア基金の給付額五百万円に相当する三千八百万ウォンが支給された。生活保護に加えて月五十万ウォンと賃貸住宅が支給されるので、最低限の生活の安定は確保されている。逆に言うと、苦しい生活をしていた女性だけが名乗り出たとも言える。認定の過程で厳密に裏付けを取る作業はなされていない。終戦時に十一歳や十三歳だった女性まで認定されていることが認定の甘さを物語っている。

同誌には慰安婦像の制作者金ウンソン氏のインタビュー記事も収録されている。なお、慰安婦像は金ウンソン氏とその妻である金ソギョン氏によって製作された。金氏夫妻は親北朝鮮団体に関わり、反米活動を数多く行なってきた極左活動家だ。二〇〇二年、女子中学生二人が在韓米軍の特殊車両に轢《ひ》かれて死亡する事故により激しい反米運動が起こった。この時、金氏夫妻は先頭に立って活動していた。金ウンソン氏は、北朝鮮シンパの「民族美術家協会」の事務長として二〇〇七年に北朝鮮を訪問もしている。

金氏らは慰安婦像を「少女像」と呼んでいる。汚れない少女を日本軍が強制的に性奴隷にしたという彼らの固定観念がそこに込められている。合意発表以後、朝日やNHKなど多くの日本マスコミが「慰安婦を象徴する少女像」という表現を使い始めた。韓国外相が合意の会見で「少女像」と言ったことを受けてらしい。あたかも日本も彼らの固定観念を受け入れているかのようで危険な用語だ。

慰安婦像撤去に反対する運動家が何を考えているのかを知るため、そのインタビューの主要部分を紹介する。

〈少女像は頭を短く刈られており、靴を履いていない。軍人らに自分たちの生活を奪われたお婆さんたちの少女時代を描いた。少女はかかとをついてない。朝鮮の娘でありながら、その地に根を下ろすことができずに生きてきた痛みそのものだ。しかし、希望もこめたかった。少女像の左の肩に止まっている鳥は平和を、空席の椅子はだれでもともに座りお婆さんたちと連帯してほしいという意味を込めた。少女とつながる影にはお婆さんたちの今の姿を投影し、影の中の白い蝶はより良い人生への生まれ変わりを望む心を込めた〉

〈歴史的に多くの戦争で略奪や性暴行があった。けれども現代国家が組織的に女性たちを戦場に連行して性奴隷として利用したことは想像することさえ困難だ。日本軍慰安婦は日本政府が組織的に被害国の女性たちを戦場に連行して性奴隷にしたものだ。

許すことができない戦争犯罪を圧縮して表したのが少女像だ。日本の立場では永遠に消えない戦争犯罪に対する象徴に見えるのだ。その上、日本は慰安婦問題を謝罪と反省の対象として見ていない。自分たちの恥部の象徴である少女像をどうしてでも撤去しようというのだ。このような日本をなぜ朴槿恵大統領が容認するかのような態度を見せるのか。いくら独裁者の娘で無能力であってもどうしてこのようなことを行い

うるのか……。嘆かわしい〉

〈少女像は民間の寄付で作ったものだ。政府が少女像をどうにかできるという反応はありえない。私に連絡も一切なかった。政府がカネを出して作って所有権を持っていたとしても同じだ。日本の一方的な要求を受け入れてわが国政府が少女像を動かすなどということはあり得ないことだ〉

〈日本が自ら侵略戦争を反省する象徴物を立てなければならない。本来、被害国である我々がすることではない。しかし、日本はむしろ少女像までもなくそうとしている。日本は国連で決議されたとおりすれば良い。国際法に従って被害者たちに賠償し、お婆さんたちの名誉回復のために真の謝罪と反省をしなければならない〉

慰安婦像を守れと叫ぶ運動体・挺身隊問題対策協議会などは「日本政府から来る十億円を拒否するため、二十万人が五万ウォンを出して百億ウォンの市民財団を作ろう」と呼びかけている。彼、彼女らを朴槿惠前政権は無論のこと、親北反日的な文在寅政権が説得して慰安婦像撤去を実現することはほぼ不可能だろう。公道に無許可で設置された違法建造物だとして法に基づく強制撤去しかないだろう。しかし、文在寅政権はむしろ、慰安婦合意について多くの韓国人が受け入れていないなどと繰り返し主張し、慰安婦像を撤去するつもりは全くない。

ただし韓国政府が作った「和解・癒やし財団」は、日本政府拠出の十億円をもとに合意時点で存命していた元慰安婦四十七人のうち約八割にあたる三十六人に現金支給を行った。元慰安婦には一人あたり約一億ウォン（約一千万円）、遺族には同約二千万ウォンを支給している。なぜ、元慰安婦だけが繰り返し現金支援を受けるのか、合理的な説明は誰もできない。しかし、挺対協の反対を押し切って一億ウォンを受け取ったお婆さんが約八割出てきたということは、それだけ挺対協の影響力が落ちたことを意味する。それは好ましいことだ。挺対協らはこれからは、生きているお婆さんではなく、慰安婦像を先頭に立てて運動をするしかなくなったからだ。

そして、ついに韓国保守派が、挺対協が北朝鮮と連動して日韓関係を悪化させてきたという事の本質を暴露しはじめた。だが、まだ、ごく一部の専門家が用心深い表現でそのような主張を行っている段階だ。慰安婦合意直後の二〇一五年十二月三十一日、韓国保守陣営を代表する趙甲済氏が主宰するインターネット・ニュース「趙甲済ドットコム」に、同ニュース専属で気鋭の保守言論人である金泌材氏が「挺対協を動かす従北人脈、挺隊協を動かす人々、主導勢力とその周辺人物中には過去学生運動と労働運動などに加担した者らが多い」という記事を書いた。これまで私が書いてきたことを、より掘り下げた衝撃的レポートだ。主要部分を紹介する。

〈1990年11月、37の女性団体が集まって創立され、日本軍慰安婦問題を国内外に広めてきた「韓国挺身隊問題対策協議会（以下、挺対協）」の主導人物とその周辺人物の中には過去に学生運動と労働運動などに加担した運動家出身が多数存在する。

▲尹美香ユン・ミヒャン（韓神大神学・83年度入学）挺身隊対策協常任代表の夫金三石は1994年「兄弟スパイ集団事件」にかかわって4年服役した後に赦免復権された人物だ。彼は以後盧武鉉政権時代に疑問死真相究明委員会の調査官を務めた。

▲挺対協初期から団体の実務を受け持ってきたと知られる孫ミヒ挺対協対外協力委員長は2014年12月、憲法裁判所が親北極左政党の統合進歩党を解散する決定をしたとき一人で反対デモをした人物だ。

孫氏の夫は韓チュンモク「韓国進歩連帯」共同代表だ。従北左派の連合体「民主主義民族統一全国連合（全国連合）」の後身団体である韓国進歩連帯は、李明博政権時代にソウル市内中心部を暴力的に占拠したデモを組織した「狂牛病国民対策会議」を主導した団体だ。全国連合には運傘下に地域組織が存在した。

旧統進党の最大派閥として知られている「民主主義民族統一京畿東部連合（京畿東部連合）」は全国連合の地域組織の中の一つであった。この運動体は北朝鮮の韓国攻撃に味方する武装闘争を準備した李石基前議員が指導していたことで有名だ。2013年8月の韓国公安当局の資料に基づいて分析した結果によれば、2002年米軍装甲車による女子中学生死亡事件を糾弾するロウソクデモ以来、11年間に発生した主要デモや集会は「韓国進歩連帯」等の団体が主導したことが明らかになっている。

▲シン・ミシュク挺対協書記の夫は国家保安法違反の前歴がある人物で過去汎民連南側本部（韓国の裁判所が「利敵団体」と規定）の編集委員長として活動していた。1990年に北朝鮮の統一戦線戦略にもとづき結成された汎民連（祖国統一汎民族連合）はソウルの汎民連南側本部、平壌の汎民連北側本部、汎民連海外本部の3つの本部を持っている。

韓国では1991年1月23日、汎民連南側本部結成準備委員会がソウルの香隣教会で結成された。当時、結成準備委には全国民族民主運動連合（全民連）共同議長、ソウル民協議長、神父など準備委員五十人余りが参加し、ここで準備委員長（文益換）と執行委員長が選出された。

▲学生運動圏出身の裵ウェスク挺対協文化広報委員長は、梨花女子大の84年度入学生で「正しい教育のための全国父兄会安養支部長」を兼任している。裵氏は去る10月20日「安養―軍浦―儀旺―果川諸政党社会団体人士一同」なる名義で作成された韓国史教科書国定化反対宣言文に、全教組安養―果川支部長などと共に署名した。その宣言文の内容の一部は下記のとおりだ。

「韓国史教科書国定化は親日を美化し、独裁を称賛し、4・19革命、5・18民衆抗争、87年民主化運動を貶め、3・1運動と臨時政府を継承する憲法精神を否定する〝歴史クーデター〟だ。また、学問と教育の自律性を蹂躙して未来世代青少年に画一的な歴史観を強要する「21世紀焚書坑儒」だ。……（中略）△親日と独裁を美化する韓国史教科書国定化を直ちに中断せよ！△学問と教育の自律性を傷つける韓国史教科書国定化を直ちに撤回せよ！△親日独裁の子孫の永久執権のための韓国史教科書国定化を断固反対する！」
▲労働運動家出身の鄭テヒョ挺対協生存福祉委員長は、キリスト教系の代表的左派組織である全国牧会者正義平和協議会（牧正平）常任議長で、憲法裁判所による統進党解散にずっと反対してきた人物だ。1984年7月に組織された牧正平は、この間、国家保安法廃止、韓総連（利敵団体）合法化運動などを展開してきており、前回の大統領選挙では民主党の文在寅を支持した。
牧正平は2010年5月7日、発表した声明で、北朝鮮による天安艦爆沈事件と関連して、国防部が「北朝鮮が撃った魚雷が沈没の原因だと断定して報復を主張している」として、攻撃を受けた国軍に対してだけ一方的に批判を加えた。

牧正平は同年5月24日「天安艦爆沈」事故と関連して正義具現司祭団、実践仏教僧会、円仏教社会開闢鼓舞団などの団体と共に記者会見を行って「国防部長官と軍責任者の問責」を要求した。

挺対協は2007年5月「日本軍慰安婦問題解決のためのアジア連帯会議」を開催した。朝鮮労働党の外郭団体である「朝鮮日本軍慰安婦および強制連行被害者補償対策委員会（朝対委）」と朝鮮総連傘下の「在日本朝鮮民主女性同盟（朝女盟）」関係者が参加した［挺対協は1991年東京の会議で北朝鮮活動家と面談した以降、ソウル、平壌、東京などで年にほぼ1回以上、頻繁に会合し、日本糾弾で連帯している・西岡補］。「統一ニュース」報道によれば当時（2007年5月19日）、行事に参加した朝鮮労働党関係者たちは「金正日将軍様も朴ヨンギル長老（文益換の妻）を忘れずにいる」と話した後、朴長老が最も好きだという「心臓に残る人」という歌を朝対委所属の金チュンシルが歌ったという。「歌が流れるとすぐ挺対協の金ドンヒ事務局長は涙を流した」という〉

慰安婦問題のウソキャンペーンを北朝鮮と、その追随勢力が日韓離間工作に利用してきたことに多くの韓国人が気づいていけば、挺対協を韓国社会から孤立させることが可能になるかもしれない。

文在寅政権下での慰安婦問題

二〇一七年六月、文在寅政権成立後、初めて二階俊博自民党幹事長が訪韓した。文在寅政権の与党「共に民主党」の秋美愛《チユミエ》代表は、二階幹事長と会談後の六月十二日、自身のSNSに「慰安婦問題は戦時に幼い少女を性奴隷として連行していった人権と正義に関する自然法の問題であり、契約法論理を適用できないと伝えた」と書き込んだ。

秋代表の説明によると、二階幹事長は両国間の約束なので慰安婦合意は守らなければならないと主張したという。それに対して秋代表は「約束なので守らなければならないというのは、契約法上の論理に過ぎない。被害者を脇に置いたまま、真実の発見にはいかなる努力もしなかった国がいくばくかのお金を出して合意したことに韓国国民は同意できないとはっきりと声を上げている」などと反論し「韓日慰安婦再交渉を要求した」とSNSに書いた。これが与党代表の公的な発言なのだからあきれてしまう。

秋代表の「戦時に幼い少女を性奴隷として連行」という慰安婦認識は、歴史的事実に反する重大な誹謗中傷だ。二階幹事長は秋代表に「あなたの事実認識は間違っている」ときちんと反論したのだろうか。二階氏側から秋代表との会談内容が具体的に公開されないことからして、反論していない可能性があると私は疑っている。

もし反論しなかったなら、自民党の幹事長として公約違反を犯したことになる。自民党は二〇一四年十二月の総選挙で掲げた政権公約で歴史問題に関して、「虚偽に基づくいわれなき非難に対しては断固として反論し、国際社会への対外発信等を通じて、日本の名誉・国益を回復するために行動します」と約束していたからだ。

先に詳しく見たように、安倍晋三首相も、二〇一六年一月十八日の参議院予算委員会で慰安婦問題に対する国際社会の日本非難について「正しくない誹謗中傷があることは事実だ。性奴隷二十万人といった事実はない。政府として事実でないとしっかり示していく」『戦争犯罪の類いのものを認めたわけではない」と正論を主張した。岸田文雄外相も「性奴隷といった言葉は不適切で、使用すべきではないというのが日本の考え方だ。適切に申し入れを行っている」と答弁した。

しかし、秋代表に対して、韓国に駐在している日本の外交官らが「性奴隷という言葉は不適切だ」と申し入れたという報道はない。それどころか秋代表は二階氏との面会の二日後、日本大使館前の慰安婦像を取り囲む挺対協らのデモに現れて、「二階幹事長に慰安婦合意無効であり再交渉しなければいけないと伝えた」などと得意げに演説している。

国際社会では反論しなければ相手の主張を認めたことになる。その外交における基本を外務省と多くの政治家が無視し、むしろこちらが謝罪して誠意を見せれば相手も理解してくれるという式の安易な対応をしてきたことが、いまだに少女を性奴隷にしたなどという誹謗中傷を受け続けている原因だ。

今後、韓国に対しては慰安婦合意を守れとだけ要求するのではなく、事実関係に踏み込んだ反論を適宜行っていくことが絶対に必要だ。

事実関係に踏み込んだ反論をする際には、こちら側がきちんと事実を踏まえていなければならない。

ここでもう一つ、日本でまったく知られていない新しい事実を指摘したい。民族衣装を着た少女が椅子に座っている慰安婦像というアイデアは、実は挺対協や金運成氏が出したものではなかった。慰安婦像設置を後押しした金ヨンジョン鍾路区長が最初に提案したという。

二〇一一年三月、反日団体である挺対協が日本大使館目に慰安婦の記念碑を建てたいと鍾路区長に面会した。その席で金ヨンジョン区長が、道路法上、記念碑建立は道路専用許可が必要だが、芸術品に分類される慰安婦像なら許可対象ではないとして、像を造ることを助言したのだ。金ヨンジョン区長は文在寅政権の与党である「ともに民主党」所属で区長になる前、二十六年間建築士として働いていたという。金区長は「黒色短髪に白いチョゴリ、黒色スカート、木いすとそのそばの空の椅子、十五度上を向いて大使館を凝視する視線など現在の少女像の基本コンセプトも出した」（ネット版『毎日経済新聞』二〇一七年一月十四日）という。なお、金運成氏が挺対協から慰安婦像作成を依頼されるのは二〇一一年五月だった。だから、金ヨンジョン区長の基本構想にのっとって反米芸術家の金運成氏が制作を担当したのだ。

釜山の総領事館前の慰安婦像設置に当たっては、釜山市東区庁が一度、像を撤去したが、世論の反発に負けて像の設置を許すという経緯があった。しかし、ソウルの日本大使館前ではそのようなことは起きなかった。区長自らが像設置を企画し後押ししていたからだ。

日韓慰安婦合意の直後の二〇一六年一月二十六日付けソウル新聞で、金区長は「（慰安婦像は）芸術作品であるので移転、撤去はない」「中央政府から要請が下りてきても撤去する根拠はないし、担当行政機関として撤去する考えもない」と断言している。

二〇一七年九月二十八日、種路区は、日本大使館前の慰安婦像を「公共造形物」に指定した。七月に施行された条例による指定という。これによって撤去や移転には区委員会の審議が必要となった。区長が当初からの狙いを実現させたということだ。

事実に基づいて反論するためには相手を知らなければならない。日本では鍾路区長が慰安婦像設置には果たした役割についてまったく報じられていない。これでは国際広報戦に勝てない。

私は二〇一六年十月に、高橋史朗教授たちと「歴史認識問題研究会」を発足させた。民間からでも事実に基づく反論を体系的、かつ組織的に行なおうという試みだ。日本の名誉を守るための研究、資料収集、発信、若手研究者育成に私の残りの人生を賭けて取り組みたいと決意している。

西岡　力（にしおか・つとむ）
1956年、東京都生まれ。国際基督教大学卒業。筑波大学大学院地域研究科修了（国際学修士）。韓国・延世大学国際学科留学。外務省専門調査員として在韓日本大使館勤務。東京基督教大学教授を経て、現在、（公財）モラロジー研究所教授・歴史研究室長、麗澤大学客員教授。「北朝鮮に拉致された日本人を救出するための全国協議会（救う会）」会長。著書『朝日新聞「日本人への大罪」』（悟空出版）、『なぜニッポンは歴史戦に負け続けるのか』（日本実業出版社・共著）ほか多数。

ゆすり、たかりの国家《こっか》

2017年10月28日　初版発行

著　者　西岡　力

発行者　鈴木　隆一

発行所　ワック株式会社
東京都千代田区五番町 4-5　五番町コスモビル　〒 102-0076
電話　03-5226-7622
http://web-wac.co.jp/

印刷人　北島　義俊
印刷製本　大日本印刷株式会社

ISBN978-4-89831-763-1

好評既刊

中国・中国人の品性

宮崎正弘・河添恵子

B-262

「躾」「忖度」「惻隠の情」「羞恥心」「反省」という"ことば"のない国。長年の共産党独裁政権によって、民度・マナー・モラルがさらに低下！　習近平体制は末期的症状。

本体価格九二〇円

韓国・韓国人の品性

古田博司

B-261

韓国人は平気でウソをつく。「卑劣」の意味が理解できない。あるのは反日ナショナリズムだけ。だから「助けず、教えず、関わらず」の非韓三原則で対処せよ！

本体価格九二〇円

さらば、自壊する韓国よ！

呉　善花

B-252

朴槿恵大統領逮捕！　韓国は、もはや北朝鮮に幻惑されて自滅するしかないのか？　来日して三十余年になる著者の透徹した眼で分析する最新の朝鮮半島情勢。

本体価格九二〇円